新媒體環境下
環保輿情處置
研究

榮婷、鄭科○著

前言

　　21世紀，中國進入經濟發展的高速時期，中國經濟每年約10％的增長率令世人矚目。然而經濟的快速發展也給中國帶來巨大的環境壓力，能源消耗與污染排放等問題的出現導致環境群體性事件頻頻爆發。在這些環境群體性事件中，以論壇、QQ群、微博、微信為代表的新媒體日益成為抗爭的重要工具。本書以新媒體傳播背景下的中國環境群體性事件為研究對象，具有重要的理論價值和應用價值。

　　首先，本書利用相關文獻進行研究，對中國環境抗爭歷史的不同發展階段進行了梳理，對新媒體傳播背景下的環境群體性事件發生的社會背景及原因進行了分析。

　　其次，本書借助上海交通大學輿情研究室的數據庫，對2003—2014年150起重大環境群體性事件進行編碼統計，包括環境群體性事件特點、環境議題的構建、抗爭方式、不同行為主體在環境抗爭中的作用以及新媒體在抗爭中的表現與作用機制，歸納總結出新媒體環境下中國環境抗爭的特點與演變機理。

　　最後，本書借鑒海外治理研究經驗，構建了一套環境問題與衝突的治理框架，一是環境問題及抗爭的風險預防，二是政

府對環境群體抗爭的治理與應對辦法。

本書提出以下六點建議：一是政府要從根本上轉變經濟增長方式，發揮經濟發展在環境保護中的治本功能；二是政府要深化改革環境行政管理體制，建立高效的部門協調機制；三是政府要健全環境影響評價制度，保證環境評價制度的科學性；四是政府要完善公眾環境參與機制，建立科學民主的環境決策和監管機制；五是政府要完善環境利益訴求機制，充分利用非政府組織（NGO）的「潤滑劑」作用；六是政府要在環境群體抗爭事件中加強網絡應對能力，正確引導輿論。

本書僅對 2013—2014 年的環境群體性事件進行梳理、分析與研究。近年來，在高度重視與治理下，生態環境日趨改善。「我們要建設的現代化是人與自然和諧共生的現代化，既要創造更多物質財富和精神財富以滿足人民日益增長的美好生活需要，也要提供更多優質生態產品以滿足人民日益增長的優美生態環境需要。必須堅持節約優先、保護優先、自然恢復為主的方針，形成節

約資源和保護環境的空間格局、產業結構、生產方式、生活方式，還自然以寧靜、和諧、美麗。」

榮婷

目錄

1 緒論 / 1

1.1 研究緣起及意義 / 1

    1.1.1 問題的提出 / 1

    1.1.2 研究意義 / 3

1.2 文獻綜述 / 4

    1.2.1 概念界定 / 4

    1.2.2 國內外研究現狀 / 10

1.3 理論基礎 / 26

    1.3.1 抗爭政治理論 / 26

    1.3.2 社會運動的相關理論 / 27

1.4 研究方法 / 30

    1.4.1 資料統計法 / 30

1.4.2　內容分析法 / 30

　　1.4.3　個案研究法 / 31

　　1.4.4　深度訪談法 / 32

1.5　研究創新 / 32

　　1.5.1　研究角度創新 / 32

　　1.5.2　研究方法創新 / 33

　　1.5.3　研究素材創新 / 33

2　中國環境群體抗爭的現狀 / 34

2.1　新媒體環境下中國環境群體抗爭的誘發因素 / 34

　　2.1.1　環境群體抗爭發生的直接原因 / 35

　　2.1.2　環境群體抗爭發生的深層原因 / 38

2.2　新媒體時代環境群體抗爭的特點 / 41

2.2.1　頻繁爆發，與經濟發展、污染高度相關 / 41

　　2.2.2　區域性強 / 43

　　2.2.3　參與人員規模大，同質性強 / 46

　　2.2.4　抗爭訴求單一，城鄉差異大 / 48

　　2.2.5　首曝媒介以論壇為主 / 50

3　環境群體抗爭的演變過程及機制研究 / 52

3.1　環境群體抗爭的觸發階段 / 52

　　3.1.1　環境議題 / 52

　　3.1.2　刺激因素的產生方式 / 61

3.2　環境群體抗爭動員過程 / 66

　　3.2.1　集體認同感 / 66

　　3.2.2　情感動員 / 71

3.3 環境群體抗爭策略與「劇目」／ 74

    3.3.1 有節制的抗爭／ 76

    3.3.2 逾越界限的抗爭／ 80

3.4 環境群體抗爭的結果／ 81

    3.4.1 抗爭的直接結果／ 81

    3.4.2 影響公共政策／ 82

4 不同行為主體在中國環境抗爭中的參與研究／ 86

4.1 核心三角行為主體／ 86

    4.1.1 社會管理的職能部門——政府／ 86

    4.1.2 環境群體抗爭的參與者——公眾／ 89

    4.1.3 環境污染的實施者——企業／ 93

4.2 其他重要參與主體／ 98

4.2.1 媒體 / 98

4.2.2 精英人士 / 102

4.2.3 NGO / 105

5 新媒體在環境群體抗爭中的表現與作用機制 / 107

5.1 新媒體在不同時期環境群體抗爭中的表現
（2003—2014 年）/ 109

5.1.1 第一階段（2003—2005 年）/ 110

5.1.2 第二階段（2006—2009 年）/ 114

5.1.3 第三階段（2010—2012 年）/ 118

5.1.4 第四階段（2013—2014 年）/ 122

5.2 新媒體在環境群體抗爭中的角色與作用 / 127

5.2.1 作為動員的手段 / 128

5.2.2　作為政治機會結構 / 131

　　5.2.3　作為框架化結構 / 133

5.3　新媒體動員在環境群體抗爭中的風險 / 134

　　5.3.1　謠言大肆傳播 / 135

　　5.3.2　抗爭走向激化 / 137

　　5.3.3　環境動員異化 / 138

6　新媒體時代政府應對環境群體抗爭的治理策略 / 140

6.1　環境群體抗爭的風險預防 / 142

　　6.1.1　治本：轉變經濟增長方式 / 142

　　6.1.2　統籌：深化改革中國環境行政管理體制 / 144

　　6.1.3　預防：健全環境影響評價制度 / 146

6.1.4　建言：完善公眾環境參與機制 / 149

6.2　環境群體抗爭的治理與應對 / 151

　　6.2.1　救濟：完善環境利益訴求機制 / 151

　　6.2.2　應對：加強政府在環境群體性事件中的網絡應對能力 / 155

參考文獻 / 160

附錄 / 184

1 緒論

1.1 研究緣起及意義

1.1.1 問題的提出

就像魚兒離不開水一樣，人類的發展離不開自然界。第二次世界大戰之後，科學技術的飛躍和進步幫助人類從自然界攫取了巨大的物質財富，極大地豐富了人類文明的內容。然而人類過度地向自然母親索取，給生態環境造成了眾多前所未有的破壞。山川植被退化，湖水變質枯竭，菸塵廢氣籠罩四野，固態廢棄物肆意堆放。1962年，蕾切爾·卡遜的《寂靜的春天》問世，對於當時還沉浸在物質喜悅之中而漠視環境問題的人類來說，猶如一枚重磅炸彈，驚醒了各個國家的人。美國前副總統艾伯特·戈爾（Albert Arnold Gore Jr.）這樣評價該書：

《寂靜的春天》播下了新行動主義的種子，並且已經深深植根於廣大人民群眾中。1964年春天，蕾切爾·卡遜逝世後，一切都很清楚了，她的聲音永遠不會寂靜。她驚醒的不但是我們這個國家，甚至是整個世界。《寂靜的春天》的出版應該恰當地

被看成現代環境運動的肇始。①

　　從那時起，環境污染已經成為社會、政府、學界普遍關注的問題。人們不斷提出新的環境要求，將環境保護事業提上重要議程，在全世界範圍內掀起了環境保護的浪潮。20世紀50年代，中國也開始了工業化進程，尤其是改革開放後，工業化建設突飛猛進，中國也遇到了西方曾經經歷過的環境污染、資源匱乏、生態失調、氣候反常等問題。2010年，中國的經濟總量超過日本，位列世界第二，與此同時，中國超過美國成為世界上最大的耗能國。中國被認為是世界上污染最嚴重的國家之一。嚴重的環境污染給社會發展帶來嚴峻的挑戰，世界銀行數據表明：每年環境污染造成約70萬人的死亡，環境問題帶來的經濟損失，占國內生產總值（GDP）總值的8%~15%，這其中還不包含環境污染帶來的健康損失。

　　面對環境問題帶來的生存危險與健康威脅，中國民眾表達了抗議，雖然沒有出現像西方那種大規模、高度組織化的環境運動，但發生了以「上訪」「散步」「遊行」「示威」甚至「打砸」「堵路」的方式進行的環境群體抗爭行動，如廈門PX事件、什邡PX風波、浙江畫水鎮村民抗議化工廠污染等一系列反對環境污染和抵制環境威脅的群體性事件，這給政府日常的社會治理帶來壓力。新世紀到來，互聯網、計算機技術迅猛發展，不斷推陳出新，以論壇、微博、QQ群、微信等為代表的新媒體以最直接、最便捷以及最迅速的方式嵌入中國民眾的生產和生活中，為公民的環境表達提供言說路徑，也為中國的環境保護提供了新的社會動員渠道。新媒體傳播猶如「一石激起千層浪」，以「迅雷不及掩耳之勢」擴展開來，迅速形成「一呼百

---

　　① 蕾切爾·卡遜．寂靜的春天 [M]．鄧延陸，譯．長沙：湖南教育出版社，2009：18.

應」的輿論攻勢，對政府行政產生了巨大壓力，這無疑加大了社會秩序維持和政府公共管理的難度。因此，政府如何應對和化解危機，從根源上解決環境衝突問題，成為社會治理中亟待解決的課題。

有鑒於此，筆者提出如下思考：

環境問題是世界性的問題，在與西方民主體制明顯相異的政治背景下，當下中國的環境群體抗爭事件的爆發有哪些特殊的社會背景和因素？在新媒體傳播時代，中國環境抗爭較以往的環境抗爭，有什麼樣的特點？政府為了有針對性地進行環境問題和衝突的治理，是否有必要瞭解環境群體抗爭演變過程？各個主體在抗爭中的表現與作用如何？新媒體在環境抗爭中到底扮演了什麼樣的角色？當前政府的治理框架存在什麼問題？政府如何進行有效的應對和治理？這些都是理論界和實踐部門關注的議題。

為此，本書確定了以下五個研究問題：

第一，新媒體傳播背景下環境群體抗爭發生的背景與特徵。

第二，環境群體抗爭的演變過程及機制。

第三，不同主體在環境抗爭中的參與現狀與功能。

第四，新媒體在環境群體抗爭中扮演和發揮怎樣的角色與作用。

第五，政府的治理框架是什麼。

1.1.2 研究意義

1.1.2.1 理論意義

本書的研究具有其一定的理論意義。

第一，本書的研究可以和西方的運動理論、抗爭政治理論進行對話，尤其是將理論的場景置換到中國本土，以中國環境群體抗爭的經驗來檢視理論成果，會有一番新的認識。

第二，本書的研究可以同既有的學界對環境群體抗爭及其影響的成果直接對接起來，拓展學界對環境群體抗爭的分析，在總體相近的理論關懷和系譜下，共同推動和深化群體抗爭的理論研究。

第三，本書重在研究新媒體傳播背景下中國環境群體抗爭事件發生、演變的基本規律，填補國內外相關研究領域的空白。

1.1.2.2　實踐意義

在實踐和政策層面，本書的研究關注環境領域的群體抗爭問題。

第一，本書的研究有助於環境污染的治理。環境群體抗爭源於環境的污染或潛在威脅，目前，環境抗爭的爆發在一定程度上反應了當下中國環境問題的嚴峻形勢，本書對引發環境抗爭的議題進行詳細分析，有助於研究者進一步瞭解當前的環境問題態勢，對推動環境污染治理和風險規避具有一定的借鑑意義。

第二，當前中國因環境問題引發的群體抗爭事件時有爆發，開展新媒體傳播背景下中國環境群體抗爭研究，構建「環境問題與衝突的治理框架」，有助於增強各級政府的應急管理能力，提高中央與地方政府的環境群體抗爭事件應急管理體系的科學性，為各級政府科學、高效、有序地應對環境群體抗爭事件提供決策參考。

1.2　文獻綜述

1.2.1　概念界定

隨著環境問題的突出和顯現，由環境議題引發的運動或抗

爭成為日趨顯著的社會現象，不僅在中國成為熱門的話題，也吸引了全世界學者的關注。由於社會背景和現實經驗的複雜性，中國環境運動或抗爭的概念在不同的國家使用上呈現出相似性、多元狀態。因此，我們有必要對西方和中國環境運動或抗爭的相關概念進行界定，以便更好地明確研究對象。

1.2.1.1　新媒體

在人類的傳播史上，「新媒體」一詞誕生於1967年，由戈爾德·馬克提出。隨著數字技術的發展，新媒體的概念和內涵也在發生變化，學者也從不同角度對其進行梳理和定義。藝術家曼諾維奇認為，新媒體將不再是任何一種特殊意義的媒體，而不過是與傳統媒體形式相關的一組數字信息，但這些信息可以根據需要以相應的媒體形式展現出來。[①] 廖祥忠認為，新媒體是「以數字媒體為核心的新媒體」，即通過數字化和交互性的，或者固定，或者移動的多媒體終端向用戶提供信息和服務的傳播形態。[②] 邵慶海提出，新媒體是基於數字技術產生的，具有高度互動性、非線性傳播特質，是能夠傳輸多元複合信息的大眾傳播介質。[③] 陸地認為，新媒體實際上包括了新型媒體和新興媒體兩個範疇，新型媒體是指應用數字技術，在傳統媒體基礎上改造或更新換代而來的媒介或媒體；新興媒體是指在傳播理念、傳播技術、傳播方式和信息消費方式等方面發生了質的飛躍的媒介或媒體，新興媒體必須是在形態上前所未有，在理念上和應用上與傳統媒體能形成全面對應，並進行全方位改變的創新

[①] 李秦，褚晶晶.淺談新媒體條件下社會主義意識形態建設 [J].出國與就業, 2011 (13)：95-96.

[②] 廖祥忠.何為新媒體 [J].現代傳播, 2008 (5)：121-125.

[③] 邵慶海.新媒體定義剖析 [J].中國廣播, 2011 (3)：63-66.

性媒體。① 理論界對新媒體的界定還有其他的闡釋，但都普遍認可和強調新媒體的「新」是一個相對概念，需要把新媒體放在媒體發展的宏觀歷史背景下考量，在不斷發展的過程中，新媒體的概念也在豐富和完善。

在此，綜合各方定義，筆者在書中將新媒體概括為以數字技術、通信網絡技術、互聯網技術和移動傳播技術為基礎，為用戶提供資訊、內容和服務的新興媒體，具有即時性、互動性、個性化、包容性、自媒體等特徵。筆者之所以沒有稱之為「自媒體」或「社交媒體」，是因為這樣易於理解，不容易產生歧義，筆者按照使用習慣沿用新媒體，新媒體是繼報刊、廣播、電視等傳統媒體以後發展起來的一種新的媒體形態。本書探討的對象是2003—2014年中國發生的環境群體抗爭事件，正好是新媒體在中國從興起、發展到鼎盛的時期，無論是抗爭行為還是傳播都打上了新媒體的烙印。

1.2.1.2　環境運動

1.2.1.2.1　西方語境下的環境運動

關於現代環境運動興起的起點，學界較為公認的說法是起源於20世紀60年代。1962年在環境運動史上具有標志性的意義，這一年，美國人蕾切爾·卡遜出版了其驚世之作《寂靜的春天》。該書一經出版就引起了美國乃至全世界對於環境保護問題的關注。由於環境問題在世界範圍內日益受到關注，因此現代環境運動在整個「新社會運動」的格局中越發強勢，並且隨著社會環境和國際格局變化而不斷變化發展，其內涵和外延已變得非常複雜。

鄧拉普認為，環境運動除了包含運動組織、意識形態，還

---

① 陸地，高菲.新媒體的強制性傳播研究［M］.北京：人民出版社，2010：3.

囊括運動實踐和被運動實踐促使不斷變更的環境制度。① 不同的定義下環境運動分類的界定及標準也不盡相同。這裡列舉目前頗受認同的兩種分類標準。一種是從環境運動組織特點入手，如西班牙學者曼紐爾‧卡斯特將西方的環境運動劃分為五個小類：「反文化、深度生態主義」「保衛大自然」「保衛自己的空間」「拯救地球」「綠色政治」。另一種比較認同的分類方式是由日本學者飯島伸子提出的，其依據運動抗爭的目標，將運動具體分類為：「反公害—受害者運動」「反開發運動」「反『公害輸出』運動」「環境保護運動」。②

1.2.1.2.2　中國語境下的環境運動

在中國，「運動」在新中國成立後深深嵌入國民生活中，帶有時代背景和強烈的政治色彩。因此，中國的環境運動有著不同的含義。在北京大學龍金晶③、上海大學顏敏④、復旦大學覃哲⑤的學位論文中，在對中國的環境運動進行界定的時候，都沒有生搬硬套西方的環境運動定義。覃哲認為，在中國的社會話語環境中，環境運動是一種多元集合體，可以是社會運動，甚至是政治運動，只要是保護環境、改善生態環境的行動都可以納入中國環境運動的範疇。

關於中國環境運動的分類問題，學者們立足於中國特色的政治背景與文化習慣，將中國的環境運動分成不同的種類。根

---

① DUNLAP R E, MERTIG A G. American Environmertalism: The US Environmental Movement, 1970—1990 [M]. New York: Taylor & Francis Inc, 1992.
② 飯島伸子. 環境社會學 [M]. 包智明, 譯. 北京: 社會科學文獻出版社, 1999: 97.
③ 龍金晶. 中國現代環境保護的先聲 [D]. 北京: 北京大學, 2007.
④ 顏敏. 紅與綠——當代中國環境運動考察報告 [D]. 上海: 上海大學, 2010.
⑤ 覃哲. 轉型時期中國環境運動中的媒體角色研究 [D]. 上海: 復旦大學, 2012.

據發起者的身分，有的學者將環境運動劃分為環境啓蒙運動（新聞記者和作家發起）、城市精英環保行動（非政府組織發起）、環境申訴和抗議行動（基層民眾發起）。① 有的學者將中國的環境運動分為以下三類：第一類為自上而下的環境治理運動，其領導者為政府或其他的管理組織部門，如「中華環保世紀行」「環評風暴」；第二類是在非政府組織（NGO）發起與組織下開展的環境運動，如「自然之友」發起的保護藏羚羊、保護滇金絲猴的行動等；第三類為沒有特定組織主導的環境群體抗爭運動，即民眾自發或自覺參與的，以力圖改變某些現狀為目標的運動式事件。② 對此，筆者覺得各種分類在特定的角度下都是比較合理的，深表贊同。

1.2.1.3 環境群體抗爭與環境群體性事件

從以上分析可以看出，無論是哪種環境分類方式，在各個研究中都有一個一致的觀點，就是由民間發起的「自下而上」的群體抗爭是中國環境運動重要的組成部分。改革開放以前，由政府主導的環境治理運動占據了環境運動的大部分內容，政治色彩較為濃厚；而隨著市場經濟的確立與發展，由 NGO 和民眾發起的環境運動成為主流。對於 NGO 發起的環保運動，因中國特殊的國情，NGO 倡導的運動與政府有著千絲萬縷的關係，帶著濃厚的官方色彩，並且多是「價值觀驅動型」的環保活動。中國的環境運動與西方的環境運動相比較，「沒有衝突的動員」是最大差別，即使中國的 NGO 不斷發展，這些運動也是嵌入體制的一種方式。③

---

① 張玉林. 中國的環境運動 [J]. 綠葉, 2009 (11)：24-29.
② 覃哲. 轉型時期中國環境運動中的媒體角色研究 [D]. 上海：復旦大學, 2012.
③ HO PETER. Greening without Conflict? Environmentalism, NGOs and Civil Society in China [J]. Development and Change, 2010, 32 (5)：893-921.

因此，我們將著眼點放在由民眾發起的「自下而上」的環境抗爭上。特別是進入新世紀，新媒體的出現和應用使得隨之而來的中國環境運動出現了前所未有的新特點，環境運動出現了很大的變化。一方面，社會中出現由大量公眾自發參與的、以改變環境污染現狀為目標的環境群體抗爭事件。另一方面，在新媒體傳播背景下，環境運動在傳播路徑、抗爭手段上呈現新的特點。新媒體傳播背景下的環境群體性抗爭事件成為本書研究的重點。

中國環境運動的分類如圖1.1所示。

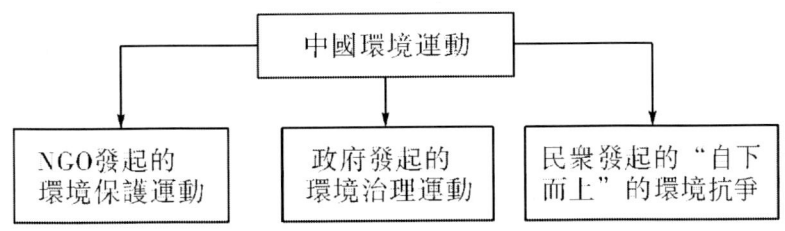

圖1.1　中國環境運動的分類

環境群體抗爭是指公眾在遭受環境帶來的危害後，為了不讓環境危害繼續發生或挽回環境危害造成的損失，以維護其在適宜環境中享有的生產與生活權利為目的，具有很強自發性的一系列集體公開行動。[1] 關於群體性事件的界定，學界有一種通用的說法：群體通過聚眾鬧事等行為，如上訪、集會、遊行、靜坐、示威甚至阻塞交通，圍堵或衝擊重要機關、重點工程和要害部門。[2] 環境群體性事件實際上是人民內部矛盾或利益糾紛的一種表現形式，人們通過以群體運動的形式來爭取和維護自

---

[1] 馮仕政. 沉默的大多數：差序格局與環境抗爭 [J]. 中國人民大學學報，2007 (1)：122-123.
[2] 中國行政管理學會課題組. 中國轉型期群體性突發事件主要特點、原因和政府對策研究 [J]. 中國行政管理，2002 (5)：6-9.

身的生態權和健康權。

從定義中可以看出，環境群體抗爭和環境群體性事件在中國的語境下有高度的契合性，在學者的著作和論述中，經常發現兩者混合使用的情況，這也曾一度困擾筆者。在概念的使用上，筆者尤為慎重。首先，環境群體抗爭的表述較環境群體性事件更為中立、客觀，而群體性事件頻繁出現在政府文件、媒體的「關鍵詞」中，更強調對現有社會秩序的挑戰和危害性。其次，環境群體抗爭的外延更加寬泛，既可以是人們集體的申訴行為，也可以是人們以聚眾形式採取的集體行動。環境群體性事件更多地強調群體抗爭是矛盾激化的集中表現形式。因此，筆者在主標題中採用了「環境群體抗爭」的概念。

1.2.2 國內外研究現狀

1.2.2.1 國外環境運動的研究現狀

20世紀60年代，西方社會運動蓬勃發展。[1] 這一時期湧現出大量的論著和刊物，眾多研究從不同的觀察視角和學術基點出發，概括起來主要包含以下幾個研究主題：

1.2.2.1.1 環境運動與內外動力

沃爾什等人在對比費城和蒙哥馬利縣的垃圾焚燒的抵制活動後發現，費城的抵制活動之所以取得成功，是因為其綜合考慮了團體、個體行動者的相互作用。例如，有參與類似運動經驗的個人行動者能更好地應對和企業的關係，外來人員的積極聲援使得運動合法化，市議員的支持可以擴大影響力，運動的指導思想中有「引入宣傳再循環思想」等能獲得更多公眾的支

---

[1] TARROW SIDNEY. Power in Movement: Social Movements and Contentious Politics [M]. Cambridge: Cambridge University Press, 1994.

持，這一系列因素成為環境運動成功的關鍵。① 阿爾梅達等人從外部政治環境探討環境運動，他們以日本水俣事件為樣本，發現在 20 世紀五六十年代，該運動因為政府對企業的支持而只能得到有限的政治機會，唯一支持他們的外部團體熊本大學也因政府的壓力而沉默。20 世紀 60 年代中期，日本中央機構對污染問題的態度、環境法律法規的頒布以及學生、媒體文化工作者對環境的支持讓運動的政治機會變大。20 世紀 60 年代末到 20 世紀 70 年代，由該事件引發的「污染會議」召開並且日本出抬新的法律法規。20 世紀 70 年代中期，日本全國反污染運動漸漸減少，公眾也相信政府已經處理好污染事件，最終使得政治機會逐漸消失。②

1.2.2.1.2　環境運動與公平正義

近代以來，在西方社會中，公平正義一直是被關注的一個重要的社會議題。因此，在由社會問題而衍生的環境問題中，公平與正義成為西方學者的研究重點。20 世紀 80 年代，在美國北卡羅來納州反對廢棄物填埋場的風波中，參加抗議活動的主要是非洲裔美國人、農民和窮人。③ 抗議的人們關注貧困、種族因素以及有毒廢料的問題。隨著一場關於設施分配問題的爭論的展開，研究者發現有色人種相比其他種族來說，面臨環境風險的可能性更大。又由於媒體進一步宣傳曝光，美國爆發了全

---

① WALSH EDWARD, REX WARLAND, D CLAYTON SMITH. Backyards, NIMBYs, and Incinerator Sitings: Implications for Social Movement Theory [J]. Social Problems, 1993, 40 (1): 25-38.

② ALMEIDA PAUL, LINDA BREWSTER STEARNS. Political Opportunities and Local Grassroots Environmental Movements: The Case of Minamata [J]. Social Problems, 1998, 45 (1): 37-60.

③ CUTTER S, L RACE. Class and Environmental Justice [J]. Progress in Human Geography, 1995 (19): 111-122.

國範圍激烈的抗議浪潮。① 20 世紀 90 年代以後，環境公平正義的研究範圍不斷擴大，覆蓋面更廣，如工人面臨殺蟲劑的風險②、垃圾填埋場附近居民的死亡率③、兒童面臨的風險④等。格頓等人以加利福尼亞州的艾肯縣為例，當地的環保組織（CAFE）要求附近企業對池塘進行清污，為了動員本來不願意參與運動的人，當地的環保組織將運動與正義聯繫在一起，提出公平就業、反對腐敗、工人權利等口號，並且構建多種族、沒有歧視的勞動人民的身分認同，通過公平正義有效地進行動員⑤。

1.2.2.1.3 環境運動與組織

在環境運動中，發展的社會中層組織和不斷崛起的社會公民力量發揮了鉗制政府環境決策結構的作用。美國有關的環保運動數量眾多，在研究美國反毒聯盟（NTC）時，學者發現，這個組織為 1,300 個環保 NGO 團體提供技術支持。公民毒廢管理委員會（CCHW）與美國近 7,000 個環保 NGO 合作。凱鮑等人關注環境公平與組織形成，認為環境組織的產生是在受損公眾向政府訴求失敗後，受損公眾自發成立的組織，並且美國所

---

① 滕海鍵. 20 世紀八九十年代美國的環境正義運動 [J]. 河南師範大學學報（哲學社會科學版），2007（6）：143-147.

② MOHAI P, SAHA R. Historical Context and Hazardous Waste Facility Siting: Understanding Temporal Patterns in Michigan [J]. Social Problems, 2005（52）: 618-648.

③ HARMON M P, COE K. Cancer Mortality in US Counties with Hazardous Waste Sites [J]. Population and Environment, 1993（14）: 463-480.

④ METZGER R, et al. Environmental Health and Hispanic Children [J]. Environmental Health Perspectives, 1995（103）: 25-32.

⑤ GARDNER, FLORENCE, SIMON GREER. Crossing the River: How Local Struggles Build a Broader Movement [J]. Antipode, 2010, 28（2）: 175-192.

謂的「終極正義」的準則構成了環保 NGO 深層次文化背景。①艾蕾等人從環保組織的轉型角度探討問題。他們以「追求亞拉巴人（ACE）」為例，研究發現 ACE 在地方環保活動中，雖然得到了全國型環保組織在技術、資金、法律上的支持，但其組織本身並沒有因為得到外援而發展壯大；相反，組織最終因缺乏團體的凝聚力而瓦解。② 諾里斯和凱鮑（Norris & Cable）從環保的發展路徑進行討論。他們發現，環境 NGO 的生命週期為動員與招募成員、請求精英的支出、訴訟、轉型。他們以「死亡的鴿子河委員會」為例，發現草根運動組織的人數減少引發寡頭政治，該組織拒絕招募草根會員導致權力集中，後因核心成員在發展觀念上的分歧，最後瓦解。③ 克勞斯關注組織中的精英問題，討論一位原本不關心政治的畫家卡勒是如何成為環境運動的領導者的，卡勒經歷了找相關負責機構、參加市政會議、向法院起訴三個階段。在抗爭結束後，卡勒還是繼續活躍在環保領域，領導環保行動。④

1.2.2.1.4 環境運動與性別

在西方環境運動中，女性參與是其一大特色。萊文等人認

---

① CABLE, SHERRY, MICAEL BENSON. Acting Locally: Environmental Injustice and Emergence of Grass-roots Environmental Organizations [J]. Social Problems, 1993, 40 (4): 464-477.

② AELLY, KELLY D, CHARLES E. Frupel and Conner Bailey: The Historical Transformation of a Grassroots Environmental Group [J]. Human Organization, 1995, 54 (4): 410-416.

③ NORRIS G LACHELLE, SHERRY CABLE. The Seeds of Protest: From Elite Initiation to Grassroots Mobilization [J]. Sociological Perspectives, 1994, 37 (2): 247-268.

④ KRAUSS, CELENE. Grass-root Consumer Protests and Toxic Wastes: Developing a Critical Political View [J]. Community Development Journal, 1988, 23 (4): 258-265.

為，女性具有與生俱來的「母性」，比男性更加關注環境問題。① 但是布萊克認為，這種女性的特徵與環境關注度沒有顯著關係。② 克勞斯認為性別、階級與種族背景對婦女運動有影響。凱鮑討論了結構自主性對於女性參與環境運動的作用。結構自主性指的是一個人一旦參與大量的社會事務，就會分散精力，沒有時間參與社會運動。這個觀點改變了婦女的參與性質和性別角色分工，因為男性平時忙於大量的社會事務，所以只有女性參與各種組織活動。③ 布朗（Brown）認為，目前的學術研究對環保運動中的研究主要以個案分析為主，缺乏從宏觀上把握女性參與的特徵。他們從認知方式的視角進行探討，女性更傾向於文化理性，並且以主觀感知與客觀理性來提出觀點。④

1.2.2.2 中國環境群體抗爭研究

中國環境抗爭的研究起步較晚，時間相對較短。然而在新經濟形勢之下，這方面的研究逐步增多，出現了研究成果不斷增多的趨勢。近年來，國內環境群體性事件不斷增多，其熱度也與日俱增，因此學術界對社會抗爭事件的理論回應也在不斷增多。其主要圍繞以下幾個方面展開：

---

① LEVINE, ADELINE GORDON. Love Canal: Science, Politics and People [M]. Toronto: Lexington Books, 1982.

② BLOCKER T JEAN, DOUGLAS LEE ECKBERG. Environmental Issues as Women's Issues: General Concerns and Local Hazards [J]. Social Science Quarterly, 1989, 10 (3): 586-593.

③ Cable, Sherry. Women's Social Movement Involvement: The Role of Structural Availability in Recruitment and Participation Processes [J]. The Sociological Quarterly, 1992, 33 (1): 35-50.

④ KRAUSS, CELENE. Women and Toxic Waste Protests: Race, Class and Gender as Resources of Resistance [J]. Qualitative Sociology, 1993, 16 (3): 247-262.

1.2.2.2.1　關於群體抗爭的研究

在中國學術界，李連江和歐博文提出了「依法抗爭」（Rightful Resistance）的概念，即以政策為依據的抗爭，如農民通過使用國家法律、政策維護其經濟利益、政治權利免受侵害的活動。於建嶸在李連江的研究的基礎上，進一步推進，他通過實地研究考察，提出「以法抗爭」的解釋框架。[①] 陳鵬提出「法權抗爭」的策略，包括上訪、訴訟、立法維權三種類型。[②] 董海軍先後提出在城市抗爭中「弱者身分性武器」和「依勢博弈」的概念。[③] 應星提出「氣」與「氣場」這些具有中國傳統的文化因素在農村抗爭中的作用。[④] 折曉葉通過10年的觀察，認為農民面對抗爭所運用的基本策略是非對抗性的抵制方式，即「韌武器」。[⑤] 通過對「艾滋村民」抗爭進行考察，王洪偉認為底層抗爭存在兩種邏輯：「以身抗爭」與「合法抗爭」。[⑥] 張磊對業主維權研究發現，維權骨幹的領導、業委會的有效動員是抗爭勝利的關鍵。[⑦]

[①] 於建嶸.當前農民維權活動的一個解釋框架[J].社會學研究，2004（2）：49-55.

[②] 陳鵬.當代中國城市業主的法權抗爭：關於業主維權活動的一個分析框架[J].社會學研究，2010（1）：38-67.

[③] 董海軍.「作為武器的弱者身分」：農民維權抗爭的底層政治[J].社會，2008（4）：34-58.

[④] 應星.「氣場」與群體性事件的發生機制：兩個個案的比較[J].社會學研究，2009（6）：105-121.

[⑤] 折曉葉.合作與非對抗性抵制——弱者的韌武器[J].社會學研究，2008（3）：1-28.

[⑥] 王洪偉.當代中國底層社會「以身抗爭」的效度和限度分析：一個「艾滋村民」抗爭維權的啟示[J].社會，2010（2）：215-234.

[⑦] 張磊.業主維權運動：產生原因及動員機制——對北京市幾個小區個案的考查[J].社會學研究，2005（6）：1-39.

1.2.2.2.2 環境群體抗爭研究

第一，環境群體抗爭的動力與困境。從外在動力來看，張玉林提出環境群體抗爭發生的根源在於當地企業與政府共謀利益，產生地方政府注重增長忽視污染的「政經一體化」的經濟特徵，這是催生中國農村環境惡化與群體抗爭的動力機制。① 童志鋒認為，引發中國環境群體抗爭的因素包括媒體逐漸開放、依法治國、分化的行政體系。② 朱海忠在分析蘇北某村鉛中毒案例時，將抗爭的政治機會分為兩個部分，一是結構性機會，其中相對開放的媒體作用較大；二是象徵性機會，如中央與地方政府間的張力等。③ 松澤指出，中國的環保行動已經取得了合法性，公民利用技術表達不滿、NGO 與跨國機構結成同盟等方面有利於環境受害者維護他們的權益。④ 皮特·何等人認為，有限政治空間通過語境化和關係網絡來推動環境運動的發展。⑤ 陳占江對湖南農民環境抗爭調查發現，從計劃經濟時代到市場經濟時期，政治機會結構和利益結構的轉型導致村民從集體沉默走向抗爭。⑥ 郇慶治指出，中國出現了前所未有的有利「政治機會環境」，但 NGO 採取觀望甚至主動劃清界限的方式，在環境集

---

① 張玉林.中國農村環境惡化與衝突加劇的動力機制 [M] //吳敬璉，江平.洪範評論：第九輯.北京：中國法制出版社，2007.

② 童志鋒.政治機會結構變遷與農村集體行動的生成——基於環境抗爭的研究 [J].理論月刊，2013（3）：161-165.

③ 朱海忠.政治機會結構與農民環境抗爭——蘇北 N 村鉛中毒事件的個案研究 [J].中國農業大學學報（社會科學版），2013（1）：102-110.

④ MATSUZAWA S. Citizen Environmental Activism in China: Legitimacy, Alliances, and Rights-based Discourses [J]. Asia Network Exchange, 2012（2）：81-91.

⑤ P HO, R L EDMONDS. Perspectives of Time and Change: Rethinking Embedded Environmental Activism in China [J]. China Information, 2007, 21（2）：331-344.

⑥ 陳占江，包智明.制度變遷、利益分化與農民環境抗爭——以湖南省 X 市 Z 地區為個案 [J].中央民族大學學報（哲學社會科學版），2013（4）：50-61.

體抗議事件中頻頻缺位。① 鄧燕華、王全權等學者從環境正義的角度解釋了環境群體抗爭發生的原因。②

　　從內在動力來看，文化、價值觀、認知、社會心理等因素往往成為誘發環境群體抗爭的推動力。朱偉等人指出，「怨恨情緒」「地域情感」「集體認同感」是影響鄰避行動的重要變量。③ 張國磊等人認為，民眾的環保意識的覺醒是發生抗爭行為的內因。④ 景軍指出，中國學界對環境抗爭的分析落入實用性的陷阱，對環境抗爭的文化因素和力量解析不夠深刻。⑤ 劉春燕在研究小溪村個案時發現村民因與礦主經濟收入差距的拉大而感受到強烈的相對剝奪感，鎢礦廠私有化和私人對共同環境的佔有是村民不滿情緒的起點，然而環境問題協商過程中礦主冷淡的態度更激發了村民對環境「零成本」現象的強烈不滿。⑥ 周志家通過問卷調查發現，在廈門PX環境抗爭中，社會動機，即個體迫於群體壓力而採取行動是影響各類參與行為最為顯著的共同因素。⑦ 童志鋒試圖從邊界、意識和儀式三個集體認同角度上

---

　　① 郇慶治.「政治機會結構」視角下的中國環境運動及其戰略選擇［J］.南京工業大學學報（社會科學版），2012（4）：28-35.

　　② YANHUA DENG, GUOBIN YANG. Pollution and Protest in China: Environmental Mobilization in Context［J］. The China Quarterly, 2013, 214: 321-336.

　　③ 朱偉，孔繁斌.中國毗鄰運動的發生邏輯——一個解釋框架及其運用［J］.行政論壇，2014（3）：67-73.

　　④ 姚聖，程娜，武楊若楠.環境群體事件：根源、遏制與杜絕［J］.中國礦業大學學報（社會科學版），2014（1）：98-103.

　　⑤ 景軍.認知與自覺：一個西北鄉村的環境抗爭［J］.中國農業大學學報（社會科學版），2009（4）：5-14.

　　⑥ 劉春燕.中國農民的環境公正意識與行動取向——以小溪村為例［J］.社會，2012（1）：174-196.

　　⑦ 周志家.環境保護、群體壓力還是利益波及，廈門居民PX環境運動參與行為的動機分析［J］.社會，2011（1）：1-34.

分析認同構建的過程，以此揭示農民環境抗爭條件。①

第二，環境群體抗爭的階段與特徵。關於環境群體抗爭的階段研究，孟軍借用劉能提出的理論框架②，即怨恨的變量、精英分子及其組織能力、參與的理性計算三個變量，分析環境群體性事件的過程。③ 孟衛東等人將鄰避衝突引發的城市環境群體抗爭的演化過程分成六個階段：衝突潛伏、個人理性抗爭、群體理性抗爭、觀點交互階段、群體非理性抗爭階段、衝突處理及評價階段。④ 彭小兵等人提出在環境群體性事件演變過程中利益相關者的博弈過程包括動員能力生產和反動員能力潛伏階段、共時態生產階段、超常規生產階段、穩定生產階段。⑤ 張孝廷分析了環境抗爭事件的行動機制，分為觸發機制、動員機制、擴散機制、回應機制。⑥ 何艷玲基於鄰避個案分析了抗爭過程的不同階段，即個體理性抗議階段、集體理性抗議階段、無抗議階段、集體非理性抗議階段、個體多形態抗議階段。⑦ 墨紹山提出環境群體性事件的演化模型：從嚴重的環境污染至正式利益途徑表達。如果表達有效，政府機關介入後環境改善或污染被終

---

① 童志鋒.認同建構與農民集體行動——以環境抗爭事件為例 [J].中共杭州市委黨校學報，2011（1）：74-80.

② 劉能.怨恨解釋、動員結構和理性選擇——有關中國都市地區集體行動發生可能性的分析 [J].開放時代，2004（4）：57-70.

③ 孟軍，鞏漢強.環境污染誘致型群體性事件的過程——變量分析 [J].寧夏黨校學報，2010，12（3）：90-93.

④ 孟衛東，佟林杰.「鄰避衝突」引發群體性事件的演化機理與應對策略研究 [J].吉林師範大學學報（人文社會科學版）[J].2013，41（4）：68-70.

⑤ 彭小兵，朱沁怡.鄰避效應向環境群體性事件轉化的機理研究——以四川什邡事件為例 [J].上海行政學院學報，2014（6）：78-89.

⑥ 張孝廷.環境污染、集體抗爭與行動機制：以長三角地區為例 [J].甘肅理論學刊，2013（2）：21-26.

⑦ 何艷玲.「中國式」鄰避衝突：基於事件的分析 [J].開放時代，2009（12）：102-114.

止；如果表達無效，居民採取群體行動，誘發環境群體性事件。① 童志鋒通過個案分析認為，環境抗爭事件展現了組織模式從無組織化到維權組織再到環境正義團體發展的可能路徑。②

對於環境群體抗爭的特徵研究，邱家林發現，環境風險類群體性事件具有廣泛參與性、計劃性、訴求明確性等特點。③ 餘光輝認為，環境群體性事件具有矛盾相對複雜、事件效仿性強、治理週期長、事件容易反覆發生、城郊接合部與農村易發生等特點。④ 張華等人提出，環境群體抗爭一般發生在社會發展程度比較高的地區，參與成員日漸複雜化，訴求日益多元化，不僅局限於經濟利益，還有環境政策的參與訴求和知情訴求。⑤ 程雨燕認為，目前環境群體性事件具有發展形勢嚴峻、預警較容易、參與者訴求多樣化、地域複雜性、規模化對抗等特點。⑥

第三，環境群體抗爭的資源與策略。在行動前，什麼樣的環境抗爭容易成功？馮仕政實證研究發現，社會經濟地位越高、關係網越強、疏通能力越強的個人，越有可能做出環境抗爭，

---

① 墨紹山.環境群體事件危機管理：發生機制及干預對策 [J].西北農林科技大學學報（社會科學版），2013（5）：145-151.
② 童志鋒.變動的環境組織模式與發展的環境運動網絡——對福建省P縣一起環境抗爭運動的分析 [J].南京工業大學學報（社會科學版），2014（1）：86-93.
③ 邱家林.環境風險類群體性事件的特點、成因及對策分析 [D].長春：吉林大學，2012.
④ 餘光輝，陶建軍，袁開國，等.環境群體性事件的解決對策 [J].環境保護，2010（19）：29-31.
⑤ 張華，王寧.當前中國涉環境群體性事件的特徵、成因與應對思考 [J].中共濟南市委黨校學報，2010（3）：79-82.
⑥ 程雨燕.環境群體性事件的特點、原因及其法律對策 [J].廣東行政學院報，2007（4）：46-49.

反之亦然，這與差序格局的背景有關。① 石發勇發現，善用關係網絡為「武器」的街區環境抗爭更容易取得成功。②

在抗爭者資源的利用和行動策略的選擇上，羅亞娟在分析蘇北東井村村民環境抗爭的個案時，發現村民先以砸門窗、拆菸筒、堵水道等方式與污染企業鬥爭，而後嘗試聯繫媒體解決問題，並進行司法訴訟，雖然未取得預期結果，但對污染企業的遷移起到重要作用。③ 陳曉運等人研究都市女性參與反對垃圾焚燒廠建設時發現，女性的行動選擇既包括以「弱者身分作為武器」的示弱策略，也包括在垃圾分類中的身體力行，並且借助互聯網和媒體傳達呼聲。④ 基於蘇北地區農民環境抗爭行為的研究，羅亞娟發現，蘇北農民抗爭行為的實踐邏輯不能用現有「依法抗爭」框架來解釋，而是「依情理抗爭」。⑤ 李晨璐等人在分析海村時，關注其初期原始的抵抗方式，這些方式儘管不提倡但具有一定效用。⑥ 曾繁旭等人在考察垃圾焚燒個案時，關注抗爭中的企業家是如何依託互聯網平臺形成相對民主的組織、動員和決策模式的。⑦

---

① 馮仕政. 沉默的大多數：差序格局與環境抗爭 [J]. 中國人民大學學報, 2007（1）：122-132.
② 石發勇. 關係網絡與當代中國基層社會運動——以一個街區環保運動個案為例 [J]. 學海, 2005（3）：76-88.
③ 羅亞娟. 鄉村工業污染中的環境抗爭——東井村個案研究 [J]. 學海, 2010（2）：91-97.
④ 陳曉運, 段然. 遊走在家園與社會之間：環境抗爭中的都市女性——以G市市民反對垃圾焚燒發電廠建設為例 [J]. 開放時代, 2011（9）：131-147.
⑤ 羅亞娟. 鄉村工業污染中的環境抗爭——東井村個案研究 [J]. 學海, 2010（2）：91-97.
⑥ 李晨璐, 趙旭東. 群體性事件中的原始抵抗——以浙東海村環境抗爭事件為例 [J]. 社會, 2012（5）：179-193.
⑦ 曾繁旭, 黃廣生, 劉黎明. 運動企業家的虛擬組織：互聯網與當代中國社會抗爭的新模式 [J]. 開放時代, 2013（3）：168-187.

第四，環境群體抗爭的防治與應對。環境群體抗爭因環境惡化而起，環境保護與治理迫在眉睫。俞可平提出，治理過程需要開放、參與和合作的多元治理模式。[1] 李侃如提出，政府需要從更加宏觀的視角進行環境治理，如改善地方環保局的機構職責。[2]

冉冉在田野調查中發現，幹部考核機制具有壓力型體制特徵，未能起到有效的政治激勵作用，因此地方環境治理成敗的關鍵是能否從傳統威權國家的壓力型體制走向民主合作制。[3] 鄭思齊等人認為，政府應該通過加大環境治理投入、調整產業結構等方式來改善城市環境污染狀況。[4] 唐任伍等人強調在環境治理中的元理論，如社會網絡治理主體地位平等，強調市場的資源配置作用，促進公眾參與，政策制定科學、明確、細化。[5]

關於環境群體抗爭的預防和應對方面，政府、法律、公眾常常被提及。曲建平等人提出轉變經濟增長方式、完善環境法律體系、暢通利益訴求的渠道、堅持教育和打擊並舉等措施。[6]郎友興的研究表明，除了 GDP 主義的消極影響，利益集團對環境決策和環境執法的絕對掌控是造成鄉村環境抗爭不斷升級的另一重要原因。相對於自由主義的民主制度及其技術官僚的行政體制，商議性民主機制是環境治理的發展方向。在哈貝馬斯

---

[1] 俞可平. 治理與善治 [M]. 北京：社會科學文獻出版社，2000.

[2] KENNETH LIEBERTHAL. China's Governing System and Its Impact on Environmental Policy Implementation [J]. China Environment Series, 1997 (1): 3-8.

[3] 冉冉. 「壓力型體制」下的政治激勵與地方環境治理 [J]. 經濟社會體制比較，2013 (3): 111-118.

[4] 鄭思齊，萬廣華，孫偉增，等. 公眾訴求與城市環境治理 [J]. 管理世界，2013 (6): 72-84.

[5] 唐任伍，李澄. 元治理視閾下中國環境治理的策略選擇 [J]. 中國人口資源與環境，2014 (2): 18-22.

[6] 曲建平，應培國. 環境污染引發的群體性事件成因及解決路徑 [J]. 公安學刊，2011 (5): 24-28.

那裡，制度化民主表現在議會、選舉、行政管理等制度性活動中，而商談民主體現於公眾廣泛的交往行動。朱海清等人認為，政府在處理環境群體抗爭事件時要建立環境正義的定量評價機制，完善環境信息公開制度，加強環境風險溝通中的公民參與，通過利益補償實施環境風險的均衡分配。① 譚爽等人認為，政府在應對鄰避型抗爭時，應該尊重公民權利，實現共同決策，保障專家獨立，提高評估質量。② 商磊認為，政府要想處理好環境群體性事件，需要發揮公益性環保組織的作用，健全環保法律法規，暢通民眾維權渠道，轉變經濟發展思路。③ 湯匯浩認為，政府在環境項目決策過程中需要傾聽民意，做好信息公開工作，召開聽證會。④

1.2.2.3 新媒體與環境群體抗爭關係研究

環境群體抗爭是一種典型的集體行動，因此關於新媒體與環境群體抗爭關係研究首先需要從新媒體與集體行動的關係說起。最具有代表性的觀點是凱利·加勒特（R. Kelly Garrett）基於麥克亞當（McAdam）、麥卡錫和若爾德等人提出的集體行動的理論框架，即將互聯網對集體行動的影響和作用分為三個方面：動員結構、機會結構、框架化工具。關於新媒體與環境群體抗爭的研究，美國學者林茨通過埃及革命個案提出社交媒體對集體行動產生的作用：更容易協調不滿的市民公開行動，通過信息瀑布流提高抗爭者對成功的預判，提高統治者對運動的

---

① 朱清海，宋濤. 環境正義視角下的鄰避衝突與治理機制 [J]. 湖北省社會主義學院學報，2013（4）：70-74.

② 譚爽，胡象明. 環境污染型鄰避衝突管理中的政府職能缺失與對策分析 [J]. 北京社會科學，2014（5）：37-42.

③ 商磊. 由環境問題引起的群體性事件發生成因及解決路徑 [J]. 首都師範大學學報（社會科學版），2009（5）：126-130.

④ 湯匯浩. 鄰避效應：公益性項目的補償機制與公民參與 [J]. 中國行政管理，2011（7）：111-114.

鎮壓成本，增加了其他區域乃至全球公眾的注意力。①

在動員結構方面，學者從工具性和心理性角度進行了許多探討。② 雷茲諾夫（Leizerov）認為互聯網降低了信息發布與獲取成本，對政治參與產生正面影響。③ 漢普頓（Hampton）指出，在線社區生成大量的弱鄰里關係，能夠成為群體行動動員的工具，能更有效地克服「搭便車」的問題。④ 有研究者發現互聯網推動下的市民政治參與取決於其政治興趣。⑤ 有研究者指出，互聯網能夠提升個人的政治效能，從而促進集體行動的參與。⑥ 學者胡泳認為，網絡為社會的集體組織和行動提供了新的媒介和手段，同時也擴展了組織的形式。⑦ 因此，從新媒體的交互性、及時性等傳播屬性出發，新媒體能夠擴大傳播規模，給社會運動的動員帶來巨大潛力。⑧

在政治機會結構方面，艾爾斯（Ayres）從國際環境的視角

---

① LYNCH M. After Egypt: The Limits and Promise of Online Challenges to the Authoritarian Arab State [J]. Perspectives on Politics, 2011, 9 (2): 301-310.

② 包智明，陳占江. 中國經驗的環境之維：向度及其限度——對中國環境社會學研究的回顧與反思 [J]. 社會學研究, 2011 (6): 196-210.

③ LEIZEROV S. Privacy Advocacy Groups Versus Intel: A Case Study of How Social Movements are Tactically Using the Internet to Fight Corporations [J]. Social Science Computer Review, 2000 (18): 461-483.

④ HAMPTON, KEITH N. Grieving for a Lost Network: Collective Action in a Wired Suburb [J]. Information Society 2003, 19 (5): 417-428.

⑤ XENOS MICHAEL, PATRICIA MOY. Direct and Differential Effects of the Internet on Political and Civic Engagement [J]. Journal of Communication, 2007, 57 (4): 704-718.

⑥ WANG, SONG-IN. Political Use of the Internet, Political Attitudes and Political Participation [J]. Asian Journal of Communication, 2007, 17 (4): 381-395.

⑦ 胡泳. 眾聲喧嘩：網絡時代的個人表達與公共討論 [M]. 桂林：廣西師範大學出版社, 2008: 14-17.

⑧ SCOTT A, J STRET. From Media Politics Toe-protest [J]. Information, Communication & Society, 2000 (2).

出發，認為新媒體技術促進了跨國社會運動，間接影響國內的政治機會結構。① 新媒體有利於行動者建立全球網絡，在全世界範圍內收集信息和制定策略。② 有學者認為，新媒體提供了一種抵制管制的傳播模式，降低了國家機構對運動鎮壓的可能性，進而產生更多的政治機會。③ 曾繁旭認為，媒體促進社會與國家形成「媒體市民社會」，創造政治機會結構。卡瓦諾（Kavanaugh）認為，使用者自身狀況及互聯網使用方式影響社會資本。擁有弱聯繫的個人在使用互聯網的時候能夠提高他們教育社區公眾及組織集體行動的能力。④

新媒體在作為框架化工具方面，能促進公共領域的產生。勞里·庫特納（Laurie A. Kutner）認為，新媒體是一個相對自由、多元表達觀點的公共空間，對塑造話題有利。⑤ 加勒特（Garrett R. K）認為，在線討論有助於公共輿論的形成。有學者認為，行動者不必依賴傳統媒體，就可以對社會運動進行框架建構。⑥ 當然，不少學者發現互聯網信息中充斥著虛假消息，很

① AYRES, JEFFREY M. From the Streets to the Internet: The Cyber-diffusion of Contention [J]. The Annals of The American Academy of Political and Social Science, 1999, 566 (1): 132-143.

② DINAI M, P R DONATI. Organizational Change in Western European Environmental Groups: A Framework for Anaylsis [J]. Environmental Politics, 1999, 8 (1): 13-34.

③ GARRETT R K. Protest in an Information Society: A Review of Literature on Social Movement and the NEW ICTs [J]. Information Communication and Socience, 2006, 9 (2): 202-204.

④ KAVANAUGH, ANDREAL L, et al. Weak Ties in Networked Communities [J]. The Information Society, 2005 (21): 119-131.

⑤ KUTNER L. Environmental Activism and the Internet [J]. Electronic Green Journal, 2000 (1).

⑥ MYERS, DANIEL J. The Diffusion of Collective Violence: Infectiousness, Susceptibility, and Mass Media Networks [J]. American Journal of Sociology, 2006, 106 (1): 173-208.

容易導致虛擬領域的碎片化,並進而導致群體激化。[1]

在環境群體抗爭中[2],王全權等人提出,新媒體增強了環境行動者集體認同感,提升了組織能力,擴大了社會資本。[3] 童志鋒從動員結構、政治參與、公共輿論方面探討了互聯網在中國民間環境運動的發展。[4] 郭小平認為,互聯網促進環保運動的信息流通並提升其社會動員效果,為公眾的環境表達「賦權」,但互聯網會帶來社會風險,如激化公眾「表演性」環保抗爭、散布作為「弱者的武器」的網絡謠言。[5] 任丙強通過案例研究發現,互聯網作為一種動員工具,能夠克服組織缺乏的限制,為城市居民提供了討論問題的空間;克服缺乏公共空間的限制並繞過公共權力的某些控制;能夠產生一種新型社會資本,有利於克服集體行動的困境。周裕瓊認為,中國現階段的環境抗爭缺乏專業化、組織化的社會動員體系,新媒體在行動者內部動員中發揮了重要的虛擬組織功能,而來自傳統媒體的關注則是行動者外部動員成功的關鍵。[6] 徐迎春在個案分析時發現新媒體能憑藉其傳播優勢和強大的信息披露能力構建公共討論空間。[7]

---

[1] L J DAHLBERG. Extending the Public Sphere Through Cyberspace: The Case of Minnesota e-Democracy [J]. First Monday, 2001, 6 (3).

[2] 陳濤. 中國的環境抗爭:一項文獻研究 [J]. 河海大學學報(哲學社會科學版), 2014 (1): 33-43.

[3] 王全權, 陳相雨. 網絡賦權與環境抗爭 [J]. 江海學刊, 2013 (4): 101-107.

[4] 童志鋒. 互聯網、社會媒體與中國民間環境運動的發展(2003—2012) [J]. 社會學評論, 2013 (4): 52-62.

[5] 郭小平.「鄰避衝突」中的新媒體、公民記者與環境公民社會的「善治」[J]. 國際新聞界, 2013, 35 (5): 52-61.

[6] 周裕瓊, 蔣小豔. 環境抗爭的話語建構、選擇與傳承 [J]. 深圳大學學報(人文社會科學版), 2014 (3): 131-140.

[7] 徐迎春. 環境傳播對中國綠色公共領域的建構與影響研究 [D]. 杭州:浙江大學, 2012.

1.3 理論基礎

1.3.1 抗爭政治理論

抗爭政治理論與社會運動理論和革命理論密切相關，在某種程度上相互交叉，抗爭政治理論是在對這些理論的繼承和發展之上完成的。蒂利是抗爭政治理論的集大成者，他和塔羅出版的《抗爭政治》構建了抗爭政治理論的框架。抗爭政治理論被定義為行動者和他們的抗爭對象之間的偶爾發生的、具有公眾訴求的集體的相互作用。① 抗爭理論實現了學科之間的融合與交叉，將不同形式的抗爭統一於一個大分析框架，為開啓研究民眾抗爭提供了全新視角。

抗爭政治理論是本書主要借鑑和吸收的理論。其主要原因為：一是抗爭政治理論突出「國家的重要性」，國家是捲入其中的關鍵行為主體之一，在中國的環境群體抗爭中，公眾都會不可避免地與政府打交道。政府無論是作為仲裁者，還是作為環境污染或風險的「肇事者」，始終都成為公眾最重要的訴求對象，這與蒂利的抗爭政治內涵相似。② 二是本書借鑑了蒂利運用的別具匠心的分析方法——「機制—過程」分析方法。該方法包括先對過程進行描述，之後將過程分解為基本原因，最後轉化為更一般的敘述。

---

① 查爾斯·蒂利，西德尼·塔羅. 抗爭政治 [M]. 李義中，譯. 南京：譯林出版社，2010：15.

② 裴宜理. 社會運動理論的發展 [J]. 閻小駿，譯. 當代世界社會主義問題，2006（4）：3-12.

1.3.2 社會運動的相關理論

本書吸收和借鑑了社會運動理論的成果，對環境群體抗爭進行分析。20世紀80年代，社會運動研究已經成為西方社會最為繁榮的學術領域之一，研究呈爆炸式增長。①

1.3.2.1 社會運動古典理論

關於心理取向的研究強調集體行動者在很大程度上受不滿、怨恨的情緒和心理因素的影響，具有非理性的傾向，將集體行為視為因「人群意識」傳播而令理性控制崩潰的結果。法國學者古斯塔夫·勒龐（Gustave Le Bon）是這一研究的鼻祖，他認為，個人的思想容易受到群體的感染變得瘋狂而非理性，隨著參與人數逐漸增多並且相互影響和啓發，最終致使群體的行為和思想趨於一致。② 布魯默（H. Blumer）和特納（Ralph H. Turner）認為，集體行動的形成需要的共同心理，包括集體意識、思想和集體興奮。③ 斯梅爾塞（Smelser，1962）提出了加值理論模型，認為六大因素（包括結構性誘因、怨恨及剝奪感、一般信念、有效動員、誘發因素和社會控制力下降）不斷累加導致了集體行為的發生。格爾（Ted Robert Gurr，1970）發展了相對剝削理論，定義相對剝削為人們對「價值期望」與「價值能力」的差距的主觀感覺。他認為，被剝奪感越強，人們形成運動的可能性也就越大。④

---

① MYER, D TARROW S. A Social Movement Society: Contentions Politics for a New Century [M]. Lanham: Rowman & Littlefield Publishers, 1998.

② GUSTAVE LE BON. The Crowd: A Study of the Popular Mind, Marietta [M]. Georgia: Larlin, 1982.

③ ALFRED MCCLUNG LEE. New Outline of the Principles of Sociology [M]. New York: Barnes & Noble, Inc., 1946: 170-177.

④ T R GURR. Why Men Rebel [M]. N J: Princeton University Press, 1970.

1.3.2.2 資源動員理論

在理性取向的研究者看來，社會運動的參與者並非是非理性的行動，個人是否參與集體行動取決於他在該行動中獲取的收益和付出的代價的權衡。學者奧爾森率先將理性選擇的思想引入社會運動研究領域，提出存在「搭便車」現象。他認為，既然每個社會成員都能享受公共物品的好處，坐享他人付出成為「理性人」的最佳選擇，那麼只有通過強制、選擇性獎勵等手段才能解決該問題。[1] 奧伯肖爾（Anthony Oberschall）肯定「選擇性獎勵」在集體行動中的作用，並指出外部資源，如精英的支持對集體行動的重要程度。[2] 麥卡錫等人認為，資源動員和專業化是決定集體行動的重要因素。[3] 康豪瑟（William Kornhauser）將集體行動視為理性化的組織化過程。[4] 麥克亞當（McAdam）指出了網絡在集體行動中的溝通和團結功能。[5]

1.3.2.3 社會建構取向——政治過程理論

政治過程理論承認理性人的前提假設，關注政治體制、結構對社會運動的影響。塔羅等人將此定義為影響社會運動參與度的政治環境，政治機會的多寡決定社會運動是否興起。[6] 麥克

---

[1] MANCUR OLSON. The Logic of Collective Action [M]. Cambridge: Cambridge University Press, 1965.

[2] OBERSCHALL ANTHONY. Social Conflict and Social Movements [M]. N J: Prentice-Hall, 1973.

[3] JOHN D MCCARTHY, MAYER N ZALD. The Trend of Social Movement in America: Professionalization and Resource Mobilization, Morristown [M]. N J: General Learning Corporation, 1973.

[4] WILLIAM KORNHAUSER. The Politics of Mass Society [M]. NewYork: Free Press, 1959.

[5] D MCADAM. Political Process and the Development of Black Insurgency 1930—1970 [M]. Chicago: University of Chicago Press, 1982.

[6] SIDNEY TARROW. Power in Movement [M]. New York: Cambridge University Press, 1994.

亞當（D. McAdam）提出了「政治過程模型」，認為政治機會結構、基層組織資源、認知解放、運動所處的社會經濟環境四種因素共同推動社會運動。[1] 蒂利（Charles Tilly，1975）等人提出了政體模型，認為政體有政體成員和非政體成員，非政體成員可以採用兩種途徑對政體產生影響，要麼通過體制化過程進入政體，要麼致力於打破政體，即發生社會運動乃至革命。[2] 此外，蒂利提出，參與者的利益驅動、組織與能力、個體參與集體行動的推動或阻礙因素、政治機會結構等，決定了集體行動成功與否。[3]

1.3.2.4 文化取向——社會建構理論

社會建構理論強調的是符號、價值、身分等因素的作用，尤其強調意義建構對於社會運動和集體行動的重要性。倫布克（Jerry Lembcke）認為，工人階級的文化對工人階級的力量產生重要影響。[4] 克蘭德爾曼斯（Bert Klandermans）提出，社會構建的核心內容是集體信仰及其形成和轉化的方式。他認為，社會建構可以從集體身分、說服性溝通、意識提升三個層次來討論。[5] 戈夫曼將「框架」概念引入社會學，為研究提供了新的思路和角度。[6]

---

[1] MCADAM D. Political Process and the Development of Black Insurgency 1930—1970 [M]. Chicago：University of Chicago Press，1982.

[2] CHARLES TILLY. The Formation of National States in Western Europe [M]. Princeton：Princeton University Press，1975.

[3] C TILLY. From Mobilization to Revolution [M]. Mass：Addison-Wesley，1978.

[4] JERRY LEE LEMBCKE. Labor History [J]. Science & Society，1995，59 (2)：137-173.

[5] KLANDERMANS BERT. The Social Psychology of Protest [M]. Cambridge：Blackwell Publishers，1997.

[6] ERVING GOFFMAN. Frame Analysis [M]. NewYork：Harper & Row Publisher，1974.

本書在研究環境群體抗爭時，主要吸收和借鑑上述三種理論成果。崩潰學說中強調「社會怨恨」，這與中國環境群體抗爭中被環境污染損害利益的公眾的心理活動相符合。資源動員理論可以解釋環境抗爭中動員的過程，資源的利用可分為內在資源的利用和外在資源的利用，如新媒體就可以被視為一種抗爭資源。政治過程理論特別關注運動發生的制度背景，正是這些不同的社會制度為環境群體抗爭創造政治機會結構，這是決定抗爭行為能否發生的重要因素。

1.4 研究方法

本書採取定量和定性的研究方法，具體內容如下：

1.4.1 資料統計法

本書收集國家環境保護總局、中國互聯網絡信息中心、國家統計局、綠色家園、自然之友等政府部門或機構公布的統計資料，如《國家統計年鑑》《中國環境統計公報》等資料，選取2003—2013年全國國內生產總值（GDP，下同）、人均GDP、工業廢水排放量、固體廢棄物產生量、工業廢氣及工業菸塵排放總量、環境治理投入額、環境治理投入占GDP比重，在此基礎上進行統計分析，並與本書中其他途徑獲得的數據匹配做相關分析。

1.4.2 內容分析法

內容分析法是新聞傳播學領域主要的研究方法之一，其研究方法有定性和定量兩種取向。本書主要採取的是定量取向的內容分析法，是一種對顯性傳播內容進行客觀、系統和定量化

描述的研究技術。①

1.4.2.1 樣本選擇

本書樣本的選取借助了上海交通大學專業輿情監測系統軟件，筆者通過該數據庫對 2003—2014 年以來 12 年間的 2,000 餘起環境類輿情熱點事進行編碼，篩選出 600 餘起有環境群體性事件的案例；再按照熱度，從高到低選出前 150 起案例構成本次研究的對象。需要說明的是，環境群體性事件在中國比較敏感，因此會出現「刪帖」的情況，因此在篩選個案的時候，還要將這個因素考慮進去，在盡量保證分析或統計有效的情況下，篩選高質量樣本。

1.4.2.2 編碼類別

根據本書研究的問題和目的，對於環境群體性事件，適用於內容分析的研究包括四大塊：一是環境群體抗爭的特點，主要包括發生地、抗爭訴求、參與規模；二是環境群體抗爭的演變過程，主要包括議題的分類、抗爭的方式、抗爭的結果；三是行為主體的研究，主要包括政府的干預方式、精英群體的參與情況、環境 NGO 的參與情況、企業參與情況、專家參與情況等；四是新媒體傳播的研究，主要包括首曝媒體情況、謠言傳播及網絡輿情持續時間等（具體參見附錄）。

1.4.2.3 數據處理

本書對每個輿情事件採用雙人編碼，第三人雙重審校的方式進行，其信度達到 87%，數據分析使用 Spss20.0 軟件，採取頻數統計、相關分析、卡方檢驗等描述性的統計方法。

1.4.3 個案研究法

近年來，環境群體抗爭的個案發生較多，這為本書研究的

---

① BERELSON B. Content Analysis in Communication Research [M]. Glencoe: Free Press, 1952: 111.

理論論證、觀點驗證提供了詳實的資料。在研究新媒體在環境抗爭中的作用時，筆者根據不同案例發生的時間，共選擇了四個典型案例，重點進行個案分析，借以歸納出新媒體在環境群體抗爭中的機制和作用。此外，在其他章節中，筆者也通過案例分析，佐證本書的觀點。

1.4.4　深度訪談法

筆者對 2014 年 2~3 起環境群體抗爭事件當事人、意見領袖、政府機構、環境 NGO 做深度訪談，深入瞭解訪談對象的態度、價值觀和情感傾向等，獲取第一手的鮮活資料並進行細緻入微的剖析，聽取他們對謠言應對管理的對策建議等，為研究數據的收集提供材料。

1.5　研究創新

綜上所述，本書的研究的主要創新之處可以歸納為：採取新研究材料，借助新的研究方式和技術路線，既可以豐富工科研究中的變量設計，又可對以往傳統社會科學研究中實證不足的缺憾予以一定補充。

1.5.1　研究角度創新

以往研究大多數是對某個單一的環境個案或某類環境議題的專門研究，缺乏整體、縱貫且系統的研究，對不同類型的環境抗爭研究也多為淺嘗輒止，尚無對一個時期的環境抗爭進行歷史分析。本書的研究以 2003—2014 年發生的環境群體性事件為研究對象，並且這段時間是中國新媒體發展的高峰時期，以期從廣度上勾勒出展示新媒體時代中國環境群體性事件的全景

圖，有助於全面、系統地瞭解這個時期中國環境群體抗爭的特徵，並為政府應對和治理環境抗爭提出策略框架。

1.5.2 研究方法創新

通過文獻回顧發現，學界關於環境群體抗爭的研究方法較為單一，定量研究缺乏，主要以定性研究為主。本書的研究立足於定量和定性相結合的方法，既有對150起案例進行編碼統計，包括事件特點、傳播規律、政府干預的信息收集，又有對個案的深入調查和分析。同時，本書的研究採用「史論結合」的方法，既有對中國環境抗爭的發展歷程的梳理，也有對新媒體背景下的環境抗爭現狀的論述。本書將環境群體抗爭研究放進宏觀的歷史大背景中考量，更能深刻地理解新媒體傳播環境下環境群體性事件的特點。

1.5.3 研究素材創新

以往關於環境群體抗爭的研究樣本數量多為單個或幾個。本書的研究基於海量數據庫，採集2003—2014年關於環境類社會動員案例150起，案例較為全面、完善，為研究提供了豐富的素材和信息。

2　中國環境群體抗爭的現狀

2.1　新媒體環境下中國環境群體抗爭的誘發因素

進入21世紀，中國進入經濟高速發展時期，GDP平均每年約10%的增長率令世人矚目，但伴隨而來的卻是各種社會問題及矛盾：貧富差距加大、資源消耗和環境污染嚴重。有學者統計，中國社會衝突主要集中在徵地拆遷、勞資關係和環境保護三個焦點上，由這些問題引發的群體性事件占比分別為50%、30%、20%。[①]由此可見，環境問題引發的群體性事件已經成為中國社會問題發生機制上的重要環節，這些環境問題折射出不同社會階層和群體的利益衝突以及經濟發展與環境保護、地方治理與公眾參與等多種社會結構性矛盾，有著深刻的基礎性、社會性、結構性根源。

[①] 陸學藝，李培林，陳光金. 2013年中國社會形勢分析與預測［M］. 北京：社會科學出版社，2013.

2.1.1 環境群體抗爭發生的直接原因

2.1.1.1 中國環境污染問題在一定時期存在加劇

工業化快速發展往往以犧牲環境資源為代價。總體來講，「目前，中國的環境形勢步入『局部好轉，總體惡化』的階段」。根據《國家統計年鑒》《中國環境統計公報》等資料，本書選取 2003—2013 年全國 GDP、人均 GDP、工業廢水排放量、工業廢氣排放量、工業菸塵排放量、工業固體廢棄物產生量、環境治理投入額、環境治理投入占 GDP 比重 8 個反應經濟發展的數據指標，與環境污染的變量進行比較。通過相關分析得知，11 年間中國的 GDP 總量與工業廢氣（$R=0.977$，$P<0.05$）、工業固體廢棄物（$R=0.984$，$P<0.05$）、環境治理投入（$R=0.983$，$P<0.05$）呈顯著正相關。隨著 GDP 的增長，中國的工業廢氣、工業固體廢棄物排放量隨之增加，國家在環境治理的投入也越來越大。

11 年間，中國 GDP 總量增長迅猛，如圖 2.1 所示，從 2003 年的 164,990 億元增長到 2013 年的 949,460 億元，同時環境污染排放物除工業廢水排放較為穩定外，其他類型的排放物均增長了幾倍。2003 年，中國的工業廢氣排放量為 198,906 億標立方米，工業菸塵排放量為 846.1 萬噸，工業固體廢棄物排放量為 100,428 萬噸。2013 年，中國的工業廢氣排放量為 669,361 億標準立方米，工業固體廢棄物排放量為 330,859 萬噸。2013 年，中國工業廢氣排放量、工業固體廢棄物排放量較 2003 年增加了 2 倍多，工業菸塵排放量增加了 29%（2013 年為 1,094.6 萬噸）。2013 年，國家對環境污染治理投入 9,516.5 億元，比 2003 年增加了約 4.4 倍（2003 年為 1,750.2 億元）。另外，《2013 年中國環境狀況公報》顯示，全年全國的平均霧霾日為 35.9 天，較嚴重的局部地區超過 100 天。另外 74 個根據空氣質

量新標準監測的城市之中，超標城市比例占95.9%。經過比對約4,800個地下水質量監測點的檢測結果，水質較差和極差的比例占到總量的59.6%，而優良水質的比例僅為10.4%。①

從這些指標可以看出環境污染在中國呈現越發嚴重的趨勢。事實上，正是由於環境污染問題已經觸碰和危害到公眾的生活空間，因此受害者群體加以抗爭。再加上政府監管不力，企業違規操作，在強大的經濟利益的驅使下，個別地方以環境為代價謀求發展，造成污染加劇和生態破壞。當公眾受損的權益得不到維護時，人們只能通過群體抗爭的方式來表達訴求。群體抗爭事件比較有代表性的是2005年浙江省東陽市發生的「反對化工廠事件」，涉事地畫水鎮曾經青山綠水、鳥語花香，一直享有東陽「歌山畫水」的美譽。自從政府在當地建立工業園區後，企業排放的廢氣、廢水嚴重污染整個地區的生態環境，直接威脅居民的身體健康甚至生命。污染導致大片苗木枯死、魚蝦滅絕、水稻減產、蔬菜無法種植，一些村民呼吸困難，甚至發生畸形死胎現象，最終釀成環境群體性事件。

2.1.1.2 公眾環境意識提升

國內有學者分析比對了1998—2007年這10年中國公民環境意識總的變化，以環境保護意識、行為以及滿意度3個角度為主要著眼點。其研究結果表明，1998—2007年，中國公眾環境意識的總體水準呈上升趨勢，公眾對環境的日益關心成為推動公眾進行環境參與、追求環境公平與正義的內在動力。②

首先，隨著經濟全球化浪潮的襲來，西方生態環保思潮湧入中國，極大地促進國民環保意識的蘇醒與進步。根據馬斯洛

---

① 中華人民共和國環境保護部. 2013年中國環境狀況公報 [ED/OL]. (2014-06-15) [2017-07-30]. http://jcs.mep.gov.cn/hjzl/zkgb/2013zkgb/.

② 閆國東，康建成，謝小進，等. 中國公眾環境意識的變化趨勢 [J]. 中國人口資源與環境，2010 (10)：55-60.

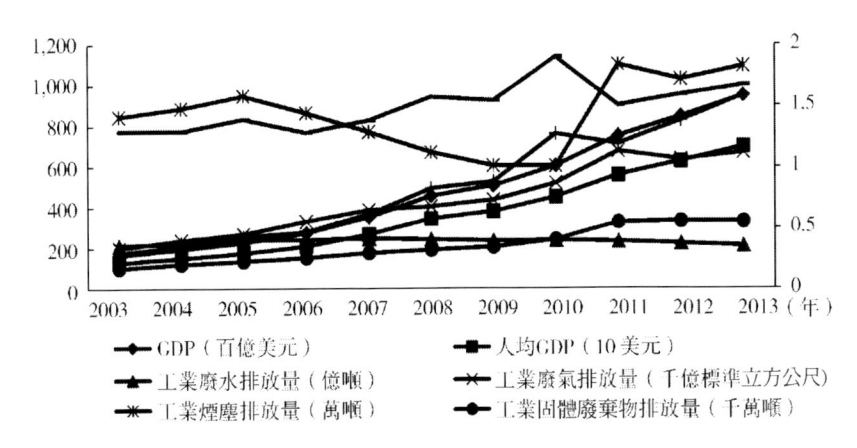

图 2.1　2003—2013 年中國污染物排放量與 GDP 的分佈

需求層次理論，當人們生理上的需求（衣、食、住、行等方面）得到滿足，生存已不再成為問題後，人們會關注安全上的需求。公眾不僅需要得到物質需求的滿足，同時也對藍天白雲、綠水青山的環境有需求。因此，人們的物質水準越高，其環境維權意識就越強烈。因為伴隨著物質生活的滿足，人們越來越在乎自己的身體安危及財產安全，所以人們對生態環境和自然災害等的關注就越來越高，於是一旦爆發了環境等其他社會問題，就會引起人們的熱議。

其次，中國環境保護治理和宣傳教育工作的開展使得全社會環境意識深入人心，如一系列「環保風暴」措施強化了民眾的環保觀念，又如在中國掀起的「世界環境日」「地球日」等環保活動，鼓勵公眾節能減排，倡導綠色消費，提高全民環境意識。

最後，「法不責眾」的思想觀念深入人心，導致「集體越軌」，或者社會結構變遷過快導致「相對剝奪感」產生，個別人受到不公平對待，導致怨恨情緒爆發繼而形成集體行動。

2.1.1.3　新媒體帶來多元化的動員渠道

新媒體在群體性事件中得到廣泛運用，使之更易成為環境

群體性事件的導火線。隨著中國互聯網技術的發展與普及，中國已經進入信息高速傳播的新媒體時代。據中國互聯網絡信息中心（CNNIC）在 2018 年 8 月 20 日發布的第 42 次《中國互聯網絡發展狀況統計報告》顯示，截至 2018 年 6 月 30 日，中國網民規模達 8.02 億，互聯網普及率為 57.7%；手機網民規模達 7.88 億，網民中使用手機上網的人群的占比達 98.3%。互聯網的高速發展，特別是 QQ、微信、論壇社區的廣泛應用，它們憑藉方便、快捷、匿名等優勢形成多中心、開放式、交互性的傳播渠道，打破傳統表達渠道單一、不暢的格局，成為公眾表達利益需求的重要手段和途徑。公眾可以隨時隨地發布信息，並通過平臺形成熱點議題，甚至引發線上或線下集體行動。新媒體在環境群體性事件中起到了宣傳、發動、聯合、組織的紐帶作用。

新媒體打破地理、時間、地點、組織的限制，促使個人獲得前所未有的與其他人接觸和共享信息的機會，實現參與者的高度聯合。同時，新媒體具有的信息流動能力大大突破了傳統媒體編輯把關權，使得以往不被媒體曝光或限制的內容進入大眾視野中。一旦公眾表達受阻，或者是環境訴求長期得不到解決，新媒體就會迅速成為輿情的策源地。在一些環境群體性事件中，以微博、微信為代表的新媒體在動員和號召方面起了決定性作用。

依託互聯網技術，新媒體的出現為民眾提供了現成的、高效的組織動員工具，因此在抗爭行為組織和動員中起到了前所未有的作用，在環境群體性事件中扮演著越來越重要的角色。

2.1.2 環境群體抗爭發生的深層原因

2.1.2.1 政經一體化驅動下的「重經濟、輕環保」發展觀

縱觀全國，GDP 增長成為地方政府的優先選擇，這種現象

的根源可追溯到 1994 年國家實行的分稅制改革，使得「西瓜稅」流向中央，「芝麻稅」留給地方政府。① 分稅制改革一方面為中國經濟幾十年持續蓬勃發展提供了基礎和保障，另一方面也使得地方政府為了擴大財稅收入和提高影響，容易與謀求超額利益的企業結成政商聯盟，即形成「政經一體化」開發機制②，最終產生了「重增長、輕環保」的發展觀。

在這種片面追求經濟增長的價值觀的引導下，一些地方政府為招商引資不惜付出環境代價，對落戶企業降低准入門檻，放寬環境評估標準，甚至不顧當地的資源環境和民眾身心健康，強行「上馬」化工、煤電、鋼鐵等為當地 GDP「添彩」的龍頭項目。例如，廈門 PX 項目一旦完工投產，將為廈門市新增 800 億元人民幣的 GDP，陝西鳳翔血鉛事件的主角東嶺集團冶煉公司是當地的繳稅大戶，上繳縣財政的稅款約占整個縣財政收入的 1/5。因此，在面對民眾的環境訴求時，一些地方政府往往喪失作為仲裁者的角色，優先保護企業，甚至放縱、庇護污染嚴重的企業。受損民眾的問題懸而不決，在逐漸對政府公權力失去信心後，民眾只能從依靠制度化的渠道改為採取群體抗爭甚至暴力的自我解救方式，將具有共同利益、共同訴求的人們聯合動員起來抗爭，形成群體性事件。

2.1.2.2　法律法規制度失靈，無法有效保障公民環境權益

2015 年 1 月 1 日，新修訂的《中華人民共和國環境保護法》正式施行，這是自 1989 年《中華人民共和國環境保護法》頒布以來第一次進行修改。在長達 25 年的時間裡，這部在經濟體制轉型初期產生的法典，其濃重的計劃經濟色彩對解決中國日益

---

① 趙陽，周飛舟. 農民負擔和財稅體制：從縣、鄉兩級的財稅體制看農民負擔的制度原因 [J]. 香港社會學學報，2000 (17).
② 張玉林. 中國農村環境惡化與衝突加劇的動力機制 [M] //吳敬璉，江平. 洪範評論：第九輯. 北京：中國法制出版社，2007.

複雜和多樣化的環境問題來說顯得力不從心，存在較多不足和缺陷。

首先，信息公開和公眾參與程度低，法律失靈情況嚴重。中國法律法規對信息公開、環境影響評價與風險評估、公民環境權都做出明確規定和解釋。但從現狀來看，法律法規失靈的原因在於不少企業和建設項目無視這些法律法規，沒有被限制或制裁。例如，近年來發生的一系列PX事件，公眾的知情權、參與權、表達權和監督權付之闕如，項目從立項、審批、環評等各個環節的信息公開程度低，信任感危機加劇矛盾，最終產生環境群體性抗爭行為。

其次，法律權益訴訟制度不健全。訴訟是解決環境矛盾與糾紛的重要途徑，也是維護公眾環境權益的制度化手段。據調查，中國通過司法訴訟渠道解決的環境糾紛不足1%。① 中國現行的關於環境糾紛的司法救濟還比較薄弱，缺乏系統、專門的法律體系，法律依據還是參照民事訴訟當中的個別規定，因此通過訴訟方式的「公共救濟」阻礙很大，民眾只有選擇實施「破壞性戰術」，才能比較迅速地獲得與體制內的行動者進行政治和物質利益磋商的機會。②

最後，環境標準不夠完善，操作性不強。隨著污染的加劇，污染排放標準尺度不合理，針對性不強，執行起來較為困難。不少環境法律類的條例、規章、標準、政策，環境標準的嚴格程度、項目範圍以及技術依據仍存在爭議。另外，相關標準與國際不接軌，容易給公眾造成理解性偏差，給環保執法帶來難度。

---

① 王姝.中國環境群體事件年均遞增29%，司法解決不足1%[N].新京報，2012-10-27（5）.

② 劉能.當代中國轉型社會中的集體行動：對過去三十年間三次集體行動浪潮的一個回顧[J].學海，2009（4）：146-152.

2.1.2.3 表達渠道虛設，難以滿足公眾利益訴求

從理論上講，國家為公眾提供了多種利益表達渠道，如人民代表大會、政治協商會議、信訪、聽證會等，它們在傾聽和傳遞民意、反應公眾訴求方面發揮了突出作用。但在公眾日益強烈的表達需求下，在實踐層面上，正規渠道在環境保護領域往往形同虛設，民眾的權利救濟機制既不順暢也缺乏效力。因此，部分權益受損民眾的訴求很難通過正常的、體制化的渠道得到消解，不得已尋求「非常規」的半合法、不合法途徑。非制度化的行動渠道往往能在更大的範圍內引起群眾廣泛的關注和回應，這與制度化的渠道形成鮮明對比，而且非制度化的渠道更能引起媒體的介入，使信息的擴散和流通速度加快，因此能在全國範圍內製造和擴大輿論的影響力。

在環境群體抗爭發生前，公眾往往寄希望於信訪、舉報、調解制度解決問題，但一些地方政府要麼對上訪者採取漠視態度，對公眾訴求和呼籲置之不理，要麼未能做出及時、恰當的回應和處理。個別地方政府甚至視上訪者為「刁民」，用高壓、脅迫和圍追堵截等手段對待上訪者，導致信訪制度的作用和功能處於失效狀態。公眾對信訪制度失去信任，公眾的利益訴求無從表達，只有轉而以「非常規」的方式進行群體抗爭。

2.2 新媒體時代環境群體抗爭的特點

2.2.1 頻繁爆發，與經濟發展、污染高度相關

近年來，環境輿情事件頻頻爆發，筆者通過對2003—2014年影響較大的151起環境群體性事件的研究發現，環境群體性事件的數量逐年增加，呈開放發展態勢，在2014年達到頂峰，

即 27 起（見圖 2.2）。

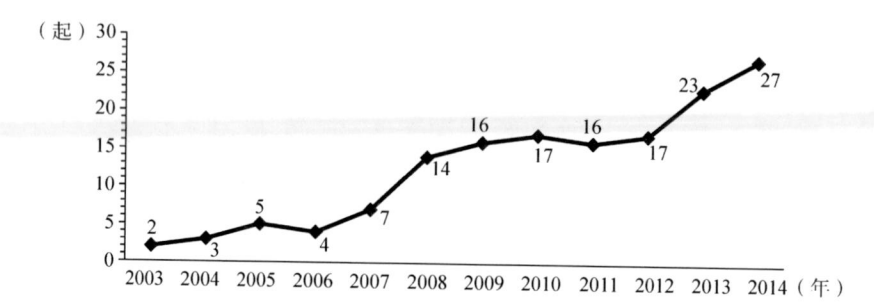

图 2.2　2003—2014 年影響較大的中國環境群體性事件發生數量的分佈

已有學者通過個案研究發現，環境群體抗爭與國家經濟的發展、環境污染有著密切的聯繫。① GDP 在經濟領域裡是表明一個國家發展狀況的重要指標，而工業廢棄物，如廢水、廢氣、固體廢棄物、菸塵等的排放量是衡量污染物對一個國家或地區環境影響的重要指標。本書應用 Pearson 相關性檢驗，結果顯示（見表 2.1），2003—2014 年，不同年份的環境群體性事件個案數與國家 GDP、工業廢氣排放量、工業固體廢棄物排放量存在顯著相關關係，與城市居民消費價格指數、農村居民消費價格指數之間無顯著相關關係。環境群體性事件的數量與國家 GDP 呈正相關（$r=0.958$，$p<0.001$），即隨著 GDP 逐年增長，環境群體性事件的數量增多。環境群體性事件的數量與工業廢氣排放量、工業固體廢棄物排放量存在顯著正相關關係（$r=0.907$，$p<0.001$；$r=0.892$，$p<0.001$），這表明國家工業廢氣、固體廢棄物排放量越多，環境群體性事件爆發的次數越多（見表 2.1）。

高頻率的群體抗爭行為暗示著發展中國家的現實發展困境。

---

① 鐘明春，徐剛. 地方政府在農村環境治理中的經濟學分析——以福建 Z 集團環境污染事件為例 [J]. 襄樊學院學報，2012，33（1）：37-42.

產業的梯度轉移及升級、現有的技術條件無法保證所有工業項目做到零污染，環境污染儼然成為中國經濟高位運行和粗放式增長的附加品。環境問題已經牽動大眾的神經，成為群體抗爭的重要觸發因素。根據原國家環保總局（現為環保部）公布的數據可知，2006 年的環境信訪量是 20 世紀 90 年代中期的 11 倍之多。據環保部官員透露，最近幾年，環境型群體性事件以每年 29% 的速度增長。[①] 可以說，環境污染最為嚴重的時期已經到來，環境事件步入高發期，群體性環境事件呈迅速上升趨勢。[②] 可見，近十多年來，環境群體性事件空前多發，此起彼伏。

表 2.1　　　　　2003—2014 年影響較大的
中國環境群體性事件數量與各指標相關關係

指標 環境個案數	GDP	工業廢水排放量	工業廢氣排放量	工業菸塵排放量	工業固體廢棄物排放量	城市居民消費價格指數	農村居民消費價格指數
Pearson Correlation	0.958**	-0.190	0.907**	0.105	0.892**	0.047	-0.062
Sig. (2-tailed)	0.000	0.576	0.000	0.759	0.000	0.898	0.864
N	12	11	11	11	11	10	10

註：因變量為 2003—2014 年發生的環境群體性事件數量（單位：個），自變量為 GDP（單位：億元）、工業廢水排放量（單位：億噸）、工業廢氣排放量（單位：千億標準立方米）、工業菸塵排放量（單位：萬噸）、工業固體廢棄物排放量（單位：千萬噸）、城市居民消費價格指數（上年＝100）、農村居民消費價格指數（上年＝100）。

2.2.2　區域性強

不少學者通過研究證明，在社會經濟發展程度比較高的地方，

---

① 李永政，王李霞. 鄰避型群體性事件實例分析 [J]. 人民論壇，2014（2）：55-57.

② 張玉林. 政經一體化開發機制與中國農村的環境衝突——以浙江省的三起群體性事件為中心 [J]. 探索與爭鳴，2006（5）：32-45.

環境群體性事件發生頻率相對較高。① 根據前面提到的「政經一體化」發展體制，工業的擴張不僅能增加當地的財政收入，也關係官員的政績與仕途，因此經濟發展程度越高的地區通常工業化發展越快，引發的各類環境問題越多。另外，生活在經濟發達地區的公眾，視野開闊，互聯網普及率較高，維權意識和環保意識普遍較強，一旦發生環境問題，政府未有效解決時，人們便會迅速組織動員起來，群體性事件發生的概率大大增加。

筆者對 2003—2014 年 150 個案例的分析發現（見圖 2.3 和圖 2.4），依照中國區域劃分，東部地區發生的環境群體性事件的占比最高，高達 68%，其次是中部地區（20%），最後為西部地區（12%）。進一步分析可知，華東地區發生環境群體性事件的占比最高，為 39.7%，之後依次是華南地區（24.5%）、華北地區（13.2%）、華中地區（12.6%）、西南地區（7.3%）、西北地區（2.0%）、東北地區（0.7%）。從省份來看，華南地區的廣東省發生環境群體性事件數量占全國總量的 20.5%，浙江省、福建省、江蘇省緊隨其後，占比分別為 10.0%、10.0%、7.3%。這些省份 GDP 在全國名列前茅。從 2014 年 10 月國際貨幣基金組織（IMF）《全球經濟展望》（WEO）更新數據來看，廣東省 GDP 總量位列全國第一，GDP 總量為 11,036 億美元（1 美元約合 6.83 元人民幣，下同），江蘇省 GDP 總量為 10,595 億美元，浙江省 GDP 總量為 6,536 億美元，並且，工業化項目集中在沿海地區，而沿海人民思想較為開放，維權意識強烈，因此發生環境衝突與群體抗爭的可能性大大增加。

---

① 張玉林. 政經一體化開發機制與中國農村的環境衝突——以浙江省的三超群體性事件為中心 [J]. 探索與爭鳴, 2006 (5): 32-45.

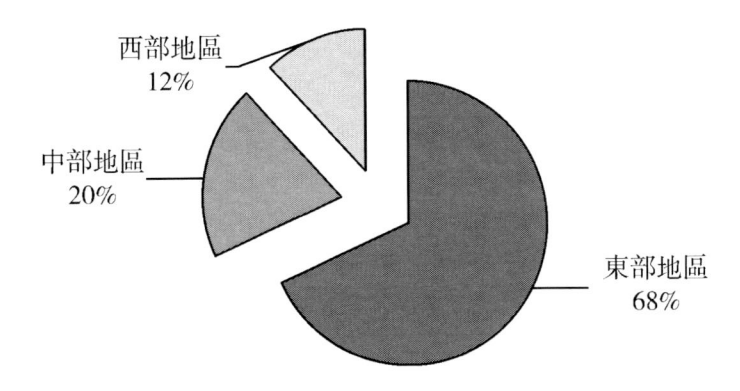

圖 2.3　2003—2014 年影響較大的中國環境群體性事件區域分佈情況 I

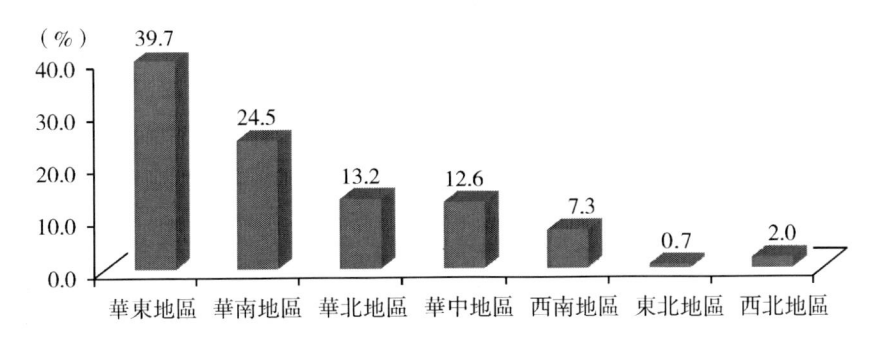

圖 2.4　2003—2014 年影響較大的中國環境群體性事件區域分佈情況 II

從城鄉區域來看，隨著中國城鎮化進程的加快和鄉村工業化的發展，城市、鎮、鄉村都成為環境問題的重災區。根據國家統計局對城鎮和鄉村的劃分，城鎮包括城區和鎮區，鄉村是指城鎮地區以外的其他地區，鄉村包括集鎮和農村。[①] 按照國家統計局的分類標準，環境群體性事件發生在城鎮的占比為 69%，發生在鄉村的占比為 31%。其中，發生在城市的占比為 36%，發生在鎮區的占比為 33%（見圖 2.5）。城鎮地區因其經濟發達、互聯網發展較快、新媒體使用率高，極大地促進了信息的傳播與擴散。這

---

① 國家統計局設管司. 統計上劃分城鄉的規定 [EB/OL]. (2016-10-18) [2017-07-30]. www.stats.gov.cn/tjsj/tibz/20061018_8666.html.

些因素有利於提高公眾的動員能力，極易形成「一呼百應」的局面，易於形成群體性事件。在鄉村地區，雖然地廣人稀，互聯網的發展水準與普及率不如城鎮，村民信息獲取能力有限，但環境污染問題反而更加突出。[1] 一方面，農業稅的取消導致一些財政吃緊的地方政府急功近利，把已淘汰的、落後的、高污染的項目引進偏僻的鄉鎮地區，建立各種產業園，再加之基層政府的環保意識較弱、監督不力，導致這些地區的環境污染和糾紛問題突出；另一方面，隨著城鎮化進程的加快，地處村鎮的農民信息獲取能力提高，環保意識逐步增強，對環境權益的要求不斷增加，因此農村經常會發生由污染引發的官民或農民與企業之間的對抗。

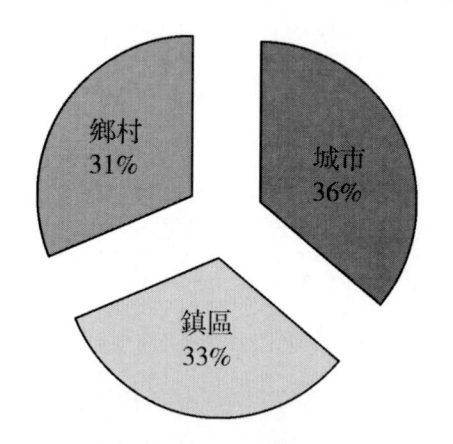

圖 2.5　2003—2014 年影響較大的中國環境群體性事件城鄉分佈

2.2.3　參與人員規模大，同質性強

據統計，在 150 起環境群體性事件中，去掉 34 個無效樣本，在 116 起環境群體性事件中，高潮時期抗議規模為 101～1,000 人的最多，占比 55.9%；其次是人數在 1,000 人及以上，占比

---

[1] 陳友華. 經濟增長方式、人口增長與中國的資源環境問題 [J]. 探索與爭鳴，2011（7）：46-50.

為34.8%；1~100人的占比最少，僅為9.3%。無論是按照浙江省的標準還是深圳市的標準①，至少超過三成的環境群體性事件為特別重大群體性事件。抗議規模從最初的幾十人、上百人，發展到後來上千人甚至數千人。隨著聚集人數的不斷增多，事件的影響力也在不斷擴大，環境群體性事件在全國範圍內得到關注的同時，也被國際社會關注。

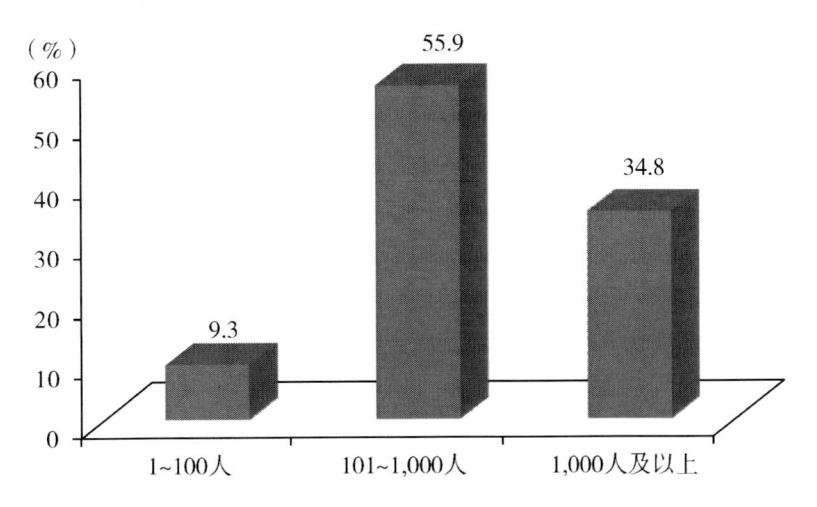

圖2.6　2003—2014年影響較大的
中國環境群體性事件參與人數規模分佈

社會中一旦出現環境污染侵害或威脅情況，受牽連的不會是某個單獨的人，而是涉及一片區域的公眾。因此，參與者在地理位置上有著甘姆森所說的「共同特質」，即地域同質性。參與者中的大部分抗議者都來自同一個城市，如參與廈門PX事件中的廈門市民、上海反對磁懸浮風波中的上海閔行區市民、雲南PX事件的昆明市民；或者來自同一個社區，如反對電磁輻射

---

① 參考浙江省人事廳《預防處置嚴重突發事件和群體性事件實施辦法（試行）》，中共深圳市委辦公廳、深圳市人民政府辦公廳《深圳市預防和處置群體性事件實施辦法（深辦〔2005〕51號）》。

污染的北京百旺小區居民、集體抵制精神病醫院進駐小區的濟南美裡新居小區居民、抗議在小區建變電站的成都錦江城市花園小區居民等；或者來自共同居住的村鎮，如反對廣西壯族自治區桂林市龍勝縣修建水電站的偉江鄉鄉民，抵制江蘇省大豐市的高污染企業的河口村村民，抗議內蒙古包頭市尾礦壩污染的新光一村、三村、八村村民等。在面對環境污染或威脅時，高度接近的地理空間、相同的處境容易使參與者形成一個休戚相關的命運共同體，同時對「搭便車」者形成相當大的社會壓力，使他們產生相對一致的情緒，形成壓倒性的優勢。

2.2.4 抗爭訴求單一，城鄉差異大

早在1997年，學者古哈和馬丁內斯·阿列爾（Guha & Martinez Alier[①]）就提出環境運動訴求的「北方」和「南方」之分。北方環境運動的核心議題是「荒野保育」，視全球為一個共同體而採取的環保公益行動，以實現生態和諧的價值觀為目標[②]，多發生在西方發達國家，由中產階級組成的專業環保團體進行組織和領導，採取體制內的立法遊說和法律訴訟策略。南方環境運動以「生存維護」為訴求，生存維護是指發展中國家在開發過程中造成的環境污染或威脅，直接影響甚至剝奪了當地弱勢群體或底層公眾賴以生存的環境，公眾不得已以群體抗爭的方式表現他們的訴求，捍衛正義與公平。

中國的環境群體抗爭，具有環境運動中的「南方訴求」特色，主要表現在以下幾個方面：

一是中國的環境群體抗爭屬於「刺激—反應」型，而非主

[①] GUHA RAMACHANDRA, JUAN MARTINEZ ALIER. Varieties of Environmentalism: Essays North and South [M]. London: Earthscan, 1997.

[②] 何明修. 綠色民主：臺灣環境運動的研究 [M]. 臺北：群學出版有限公司, 2006.

動進攻型，是公眾親身遭受或感知到自身環境權益已經受到損害或威脅後而採取的集體行動，這與西方那種帶有「萬物平等」「敬畏自然」等特定環保價值訴求的、進攻性的環境運動有很大差距。

二是「爭利不爭權」。中國的環境群體抗爭主要是利益之爭，不涉及政權之爭。公眾的抗爭訴求主要是為了尋求環境受到侵害或威脅後的救濟或補償。在這個過程中最多會涉及謀求實現追求新鮮空氣、健康居住等環境權利的公平正義分配，絕對不會牽扯到用革命或暴動的手段對國家政權發出挑釁與顛覆。抗爭對象往往是地方政府和企業的環境政策與污染行為，抗爭的經濟性要明顯大於政治性。①

三是抗議訴求單一，農村和城市的環境訴求有差異。從整體上看，在150起環境群體性事件中，「反對和停止建設」類占比為52.3%，「關閉或搬遷」類占比為44.3%，「索要補償金額」類占比16.1%，「反對腐敗」類占比4%。總體來看，抗爭訴求較為單一。只有一種訴求的環境群體性事件占比高達72.5%，兩種訴求占比24.2%，三種訴求占比2.7%，四種訴求占比僅為0.7%。

已有的研究表明，城鎮和農村的抗爭訴求各有特點。由於城鎮和農村的發展階段不同，所遭受的環境問題有較大差異，因此城鎮和農村居民的抗爭訴求也不盡相同。經檢驗，中國環境集體行動訴求在城鎮和農村有顯著差異（$X^2 = 45.942$，$p < 0.001$）。城鎮中以「反對和停止建設」為訴求的占比最高，為64.7%。鄉村中以「關閉或搬遷」為訴求的占比最高，達到63%，以「要求補償金額」為訴求的也佔有一定比例，為32.6%（見表2.2）。

---

① 於建嶸. 當前中國群體性事件的主要類型及其基本特徵 [J]. 中國政法大報，2009：112-120.

城鎮抗爭訴求具有「鄰避」特徵。在鄰避情結支配下，市民抗議與反對包括抵制垃圾焚燒廠、反對變電站、抗議核電站等。在城鎮中，抗爭訴求以「反對和停止」這些「鄰避」項目建設的占比最高。在鄉村中，抗爭訴求具有「補償」的特徵，由於環保意識不足、能夠動員的資源有限，農民在遭受環境侵害的時候，提出「關閉工廠或企業」，往往還伴有經濟補償的要求。在環境抗爭中，村民抗爭的訴求除了關閉污染工廠和企業外，通常還伴隨著經濟補償的要求。

表 2.2　　2003—2014 年影響較大的中國環境群體性事件抗爭訴求類型城鄉分佈

		標準劃分城市和農村	
		1 城鎮	2 鄉村
		Column *N*%	Column *N*%
訴求	反對和停止建設	64.7%	26.1%
	要求補償金額	8.8%	32.6%
	反對腐敗	3.9%	2.2%
	關閉或搬遷	35.3%	63.0%
	其他訴求	11.8%	23.9%

2.2.5　首曝媒介以論壇為主

由於環境群體性事件在中國較為敏感，傳統媒體一般情況下不會率先報導，因此消息來源主要以新媒體為主，除去 79 個曝光來源不詳樣本，筆者對剩餘 71 個案例進行分析後發現，有 39.4% 的環境群體性事件最早由論壇曝光，如廣東南海焚燒泥污項目遭鄰市反對、上海江橋垃圾焚燒廠擴建引發公眾反對等。其次是由微博曝光的環境群體性事件，占比為 34.0%，如江蘇

南京梧桐樹事件、廣東花都垃圾焚燒廠引發的群體性事件等。另外，微信、博客、網絡新聞、短信在環境群體性事件的曝光也發揮一定作用，占比分別為9.8%、2.8%、4.2%、4.2%。此外，由於傳統媒體在環境群體性事件的前期出現經常性的失語，新媒體成為公眾動員和擴散事件影響力的重要平臺。經統計，有64%的環境群體性事件通過新媒體進行號召、動員。但在後期，傳統媒體在深度報導、觀點視角、權威真實等方面佔有絕對的主導權，不僅停留在爆料層面上，還為公眾提供多元的報導視角，為公眾建立公共討論空間，引導輿論朝著健康、理性的方向發展。

3 環境群體抗爭的演變過程及機制研究

　　本書以 2003—2014 年具有代表性的環境群體性事件為分析案例，並採用「機制—過程」研究框架，結合相關理論，系統呈現環境群體抗爭的過程，探討新媒體背景下中國環境群體抗爭發生、演變的基本規律。

3.1　環境群體抗爭的觸發階段

　　斯梅爾塞認為，一個集體行動的發生必須包含以下一些必要條件：結構性誘因，怨恨、剝奪感或壓迫感，一般化信念的產生，觸發社會運動的因素和事件，有效的運動動員，社會控制能力的下降。其中，斯梅爾塞除了關注集體行動的心理和文化方面的影響外，還強調觸發階段中引發抗爭行為的因素和事件。在環境群體抗爭中，這些「因素」和「事件」指的就是環境群體抗爭議題的構建，這是公眾集體行動的起點。

3.1.1　環境議題

　　隨著中國經濟的快速運行，工業迅猛發展，不同性質與類

型的環境風險開始凸顯，環境議題進入公共政策議程，成了社會公共領域中的一個重要問題。2013年在全國環境政策法制工作研討會上，中國環境科學學會副理事長楊朝飛分析了環境群體性事件主要分佈在四大領域：一是大中城市基礎設施建設，包括交通、電力、垃圾焚燒廠等，引發的環境群體性事件越來越多。二是農村和中小城鎮的違法排污、暗管排污、私倒垃圾廢物等問題引發的環境群體性事件，居高不下，特別是重金屬、有毒廢物的污染等。三是大型企業由安全生產事故引發的流域性、區域性污染事件，這類環境群體性事件越來越多。四是由現代化工業建設項目引發的環境群體性事件大增。①

本書根據楊超飛的分析，借鑑其他學者的研究將「鄰避」設施劃分為四個類型：污染類、風險積聚類、心理不悅類和污名化類。筆者根據收集到的研究案例將環境群體性事件的不同議題劃分為三大類，分別是風險積聚類、污染類和污名化類。需要說明的是，在樣本中，心理不悅類和污名化類樣本較少，大眾心理不悅類，如反對火葬場和反對墓地也屬於污名化類，因此兩者統一為污名化類（見圖3.1）。

3.1.1.1 風險積聚類

吉登斯曾言：「科技的不確定性帶來的風險已成為現代世界的核心問題。」② 風險積聚類的議題指的是由具有大型變電站、核電站、加油站等公共設施的施工建設與運行引發的爭論。此類設施安全監控等級較高，危害隱蔽性較強，一旦發生事故，

---

① 童克難，高楠. 深入開展環境污染損害鑒定評估［N］. 中國環境報，2013-08-28.
② 安東尼·吉登斯. 失控的世界：全球化如何重塑我們的生活［M］. 周紅雲，譯. 南昌：江西人民出版社，2001.

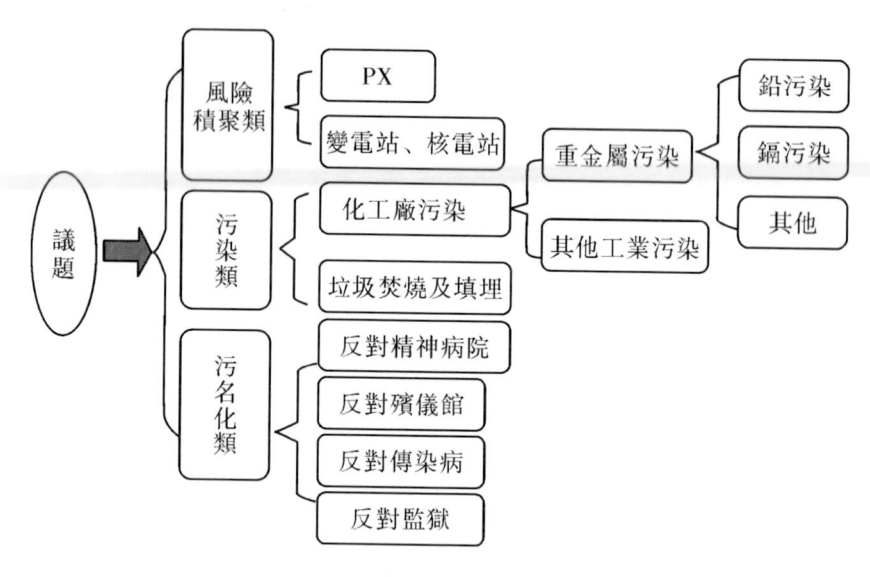

图 3.1　2003—2014 年影響較大的
中國環境群體性事件抗爭議題分佈

必然造成巨大的人員傷亡和財產損失。① 目前，關於風險社會的言論對公眾造成了極大的影響，高科技、新技術必然帶來負面效應，並且這種負面效應會超過其給社會造就福祉的認知已經根植在公眾的生活觀念中，引起公眾對未知風險的盲目猜測和無限恐懼。公眾對有關風險積聚類的議題常常「談虎色變」，並且圍繞此類議題的安全性問題展開堅決的抵制與呼籲。

在筆者收集的 150 起案例中，議題為風險積聚類的佔比為 22%，主要為反對「PX 大型項目」和反對「核電站、變電站」，二者佔比分別為 9.3%、12.7%。公眾出於「風險意識」，對這類議題的判斷存在不確定性，導致極度的恐慌，成為引發抗爭的重要刺激因素。

---

① 張樂，童星.「鄰避」行動的社會生成機制 [J]. 江蘇行政學院學報，2013（1）：64-70.

第一，反對PX大型項目。

貝克認為，現代社會的核風險、生態風險是現代性的產物，難以預測，危害超越階級，並具有全球性擴散的特徵。PX大型項目在中國一直以來都被公眾視為神祕莫測東西，超出常人理解，在公眾眼裡它是高科技的代表。一方面，公眾被告知這類設施有高安全等級的防護措施，其建設和運行絕對安全；另一方面，公眾對PX大型項目的切實信息知之甚少，對它發生事故的概率、可能存在的實際危害性更缺乏科學理性的認知，在信息閉塞、傳播不暢因素有時甚至受「危言聳聽」的謠言和傳聞的影響下，公眾不安定、恐慌的情緒就會隨之產生。當這種不安全感以個體為載體開始向四周蔓延和擴散時，就很容易形成群體性的心理恐慌，心理學將這一現象稱為「群體性癔症」。

經濟的發展，生產製造業的進步，使得化工原料在眾多領域內有著越來越多的用途。因此，近年來，中國對PX項目的需求越來越大，尤其是2002年後，國家出抬相關的鼓勵政策使得社會對PX項目的需求猛增，各地開始進行PX項目建設。直到2007年，一場聲勢浩大的反對PX項目的浪潮在廈門市席捲開來，在強大的民意反對聲中，廈門市政府最終決定停建並遷址。可這場風波沒有就此戛然而止，廈門公眾對PX項目的聲討引發了全國人民反對大型化工和能源項目的連鎖反應。此後幾年，全國各地接連上演各種對PX項目建設的聲討，PX項目在全國範圍內幾乎陷入「人人喊打」的境地。

第二，反對核電站、變電站。

「核電」已經被認為是一種「基本安全」的能源而被世界各國接受，中國也大力推進核電建設。在2015年3月的政府工作報告中，國務院總理李克強提出「能源生產和消費革命，關

乎發展與民生」,並將「安全發展核電」納入政府工作報告。①變電站被認為是一個比較溫和的「不速之客」,隨著城市化進程的加快、人口的不斷擴張,城市用電需求迅猛增加。為了保證供電需求,減少城市中心負荷,保持輸入電壓穩定,國內外的城市在規劃中將變電站建在城市中心是一種慣例做法。雖然核電站、變電站會給城市的發展和公眾的生活帶來諸多便利,但是這兩種項目往往成為城市中常見的容易引起糾紛和衝突的議題。

筆者對 150 個案例的分析結果顯示,以「反對核電站、變電站」為議題的集體行動發生在城市市區的占比高達 80%。這類議題在城市的熱度居高不下,其容易引發群體抗爭主要基於三大原因:一是大眾缺乏相關背景知識,對建設核電站、變電站可能引發的核輻射、電磁輻射進行恐慌性的解讀。二是全國範圍內乃至全世界範圍內有變電站爆炸、核電站泄漏的事例,如切爾諾貝利核電站事故、日本的福島核電站泄漏事件等。三是一些地方政府在項目立項到建設的過程中,信息不透明,尤其是環評環節遮遮掩掩,這更激起了公眾的擔憂和疑慮。

全國因建設核電站、變電站引發的抗議不斷見諸報端。例如,在廣州,駿景花園小區業主抗議在小區內中小學旁建設 110 千伏變電站,並因此堵塞道路阻止施工。在南京,浦口區大華錦繡華城的業主抗議在小區內違建變電站,拉橫幅維權。在北京,玉泉營、望京兩處建變電站引發居民群體抗議。在山東,乳山核電站建設引發附近購房者的強烈不滿,也引發了居民與相關企業、政府對峙。

3.1.1.2 污染類

污染類的議題是指公眾反對水污染、空氣污染、噪音污染、

---

① 謝瑋. 中核集團董事長孫勤:適時啓動內陸核電站對長期發展有利 [N]. 中國經濟周刊, 2015-03-24.

土壤污染給生存環境帶來破壞而產生的話題。無論哪種污染，如化工廠、垃圾焚燒廠等設施，其產生的氣味、對身體健康的損害都是能被公眾直接察覺的，公共設施的排放與公眾健康和生命的嚴重損害建立了緊密聯繫，這些污染很容易引發此污染類議題的抗爭。在150起環境群體抗爭案例的議題分佈中，污染類的議題占比高達66.6%，主要包括「反對垃圾焚燒及填埋項目」「反對重金屬污染」「其他工業污染」等。

第一，反對垃圾焚燒及填埋項目。伴隨著中國城市化進程的加快、城市人口的增加、城區面積的擴大、居民生活水準的提高，城市垃圾的總量越來越大。越來越多的城市不僅飽受「垃圾圍城」之困，也面臨如何處理和填埋這些垃圾的窘境。投資建設垃圾處理轉化設施的速度已經難以跟得上每年城市垃圾的增長速度。目前，高溫堆肥、焚燒發電和填埋是主要的垃圾處理方式。傳統的填埋場不僅占用大量土地，還容易造成嚴重的水污染、土壤污染等二次污染，因此填埋場越來越受到公眾的抵制。作為高度節約土地資源的垃圾焚燒方式曾一度被列為城市垃圾處理的最好途徑。但是，垃圾焚燒的發展並非一帆風順，垃圾焚燒發電可能產生的二噁英具有強毒性，垃圾焚燒受到公眾的爭議和質疑。全國陸續發生了多起公眾反對垃圾焚燒及填埋的群體性事件，垃圾處理是否採取焚燒這一問題上，政府、學界中逐漸形成了「主燒派」和「反燒派」兩方。

在筆者收集的150起環境群體性事件中（見表3.1和圖3.2），垃圾焚燒及填埋項目引發的群體抗爭占到25.3%。這類議題在城鄉分佈有顯著差異（$X^2=54.745, p<0.001$），發生在城鎮的占比為71.1%，其中發生在城市的占比為36.8%，發生在

鎮的占比為34.3%；發生在鄉村的占比為28.9%。[1] 全國各地反對垃圾焚燒的抗議行動接二連三地發生，如廣東先後有番禺、東莞、花都反對垃圾焚燒事件，上海有江橋、松江反對垃圾焚燒事件，北京有六里屯、高安屯等反對垃圾焚燒事件。

表3.1　2003—2014年影響較大的中國環境群體性事件抗爭議題城鄉分佈

		城市	鎮	鄉村	總計
事件分類	反對垃圾焚燒及填埋	36.8%	34.3%	28.9%	100.0%
	反對大型化工或能源項目	52.6%	31.6%	15.8%	100.0%
	反對污名化建設	50.0%	40.0%	10.0%	100.0%
	反對一般工業污染	9.7%	35.5%	54.8%	100.0%
	反對重金屬污染	4.3%	47.9%	47.8%	100.0%
	反對核輻射和電磁輻射	84.2%	10.5%	5.3%	100.0%
	其他	50.0%	20.0%	30.0%	100.0%
總計		36.0%	32.7%	31.3%	100.0%

第二，反對重金屬污染。中國快速發展的工業化進程，帶動了越來越多含有重金屬排放行業的發展。環境污染方面所說的重金屬一般是指對人體有危害的鎘、鉛、砷、汞等重金屬。重金屬排放的行業包括採礦、冶煉、印染、化學工業、制皮制革、農藥生產等。這些行業本身就有一定的污染風險，再加上行業的違規生產或不達標排污，使得重金屬污染危害逐年顯現出來。近年來，血鉛事件、鎘超標已經成為公眾比較關注和熱

---

[1]　蘇琳. 垃圾焚燒發電優勢明顯，選址問題頻頻引發「鄰避」事件 [N]. 經濟日報，2015-02-13.

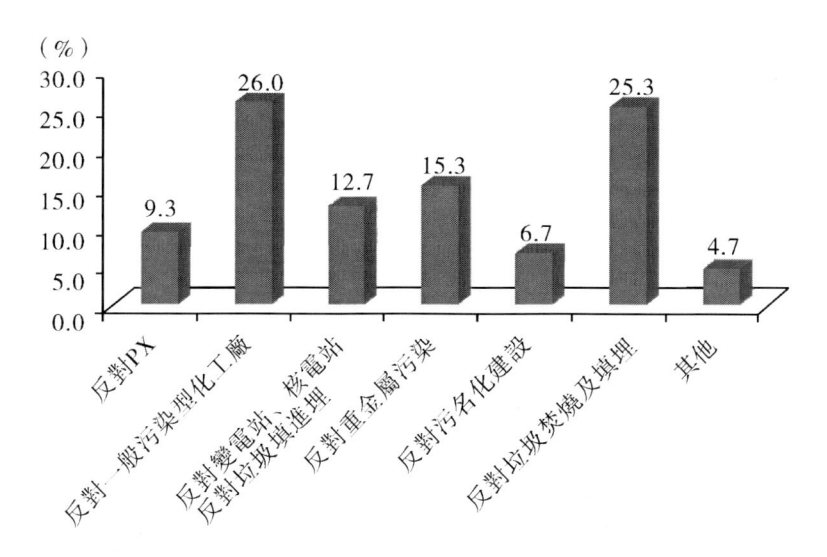

（%）
- 反對PX 9.3
- 反對一般污染型化工廠 26.0
- 反對變電站、核電站 12.7
- 反對垃圾填埋進堆 15.3
- 反對重金屬污染 6.7
- 反對污名化建設 25.3
- 反對垃圾焚燒及填埋 4.7
- 其他

圖 3.2　2003—2014 年影響較大的中國環境群體性事件抗爭議題分佈

議的話題。「血鉛超標」涉及的範圍比較廣，華中地區的湖南、河南，華東地區的安徽、福建、江蘇、山東，華南地區的廣東，西北地區的陝西等都發生過比較嚴重的血鉛事件。據環保部稱統計，在 2009 年，約有 12 起重金屬污染事件見諸報端，總共造成 4,000 多人血鉛超標，182 人發生鎘中毒。① 就鎘超標事件來說，其發生的省份集中於湖南、廣東、江西以及廣西，較為嚴重的事件有瀏陽市湘和化工廠鎘污染事件、陝西鳳翔鉛中毒事件。②

在筆者收集的 150 起環境群體性事件中，以「反對重金屬污染」為議題的環境群體抗爭事件發生的地域有顯著差異（$\chi^2 = 27.055, p < 0.05$），中部地區占比最高（43.5%），東部地區次

---

① 周銳. 中國「重金屬污染」去年致 4,035 人血鉛超標 [N]. 中國新聞網，2010-01-25.
② 葉鐵橋. 重金屬污染事件頻發，綜合防治已有規劃 [N]. 中國青年報，2012-02-01.

之（39.1%），最後為西部地區（17.4%）。其中，中部地區的湖南因反對重金屬污染而引發的環境群體性事件的數量在全國排名第一，佔比高達13%。湖南成為這類事件的重災區與其所處的環境不無關係，湖南是「重金屬」之鄉，特別是湘江流域這一帶。湖南的湘江是中國重金屬污染最為嚴重的河流。何光偉指出，2011年，湖南的鎘、砷、汞、鉛排放量在中國「三廢」（廢水、廢渣、廢氣）排放中分別占到32.1%、20.6%、58.7%、24.6%。① 在這樣的環境下，中國有些地方頻發鉛中毒、鎘污染事件，甚至出現駭人聽聞的「癌症村」，土地無法種植糧食和蔬菜，居民的身體健康受到嚴重侵害。生活壓力加上死亡威脅讓受損公眾生存瀕臨絕境，公眾不得不加以反抗，由此產生的群體性事件呈現高發態勢。

（3）其他工業污染。在工業污染中，除了重金屬污染導致集體行動外，還有其他類型的工業排放會引起糾紛，公眾可以通過眼、喉、耳等器官直接感受到這類污染。刺激難聞的氣味、污染變質的飲用水、灰濛濛的天空、嘈雜的噪聲，直接作用人類的感官，從而可能引起人們身體與心理上的極度不適，因此導致居民的抗議。

3.1.1.3 污名化類

戈夫曼（Goffman）指出，污名化就是社會以貶低性、侮辱性的方式賦予某些個體或群體的標籤，進而導致社會不公正待遇等後果的過程。② 在現代社會，與某些公共的機構和設施相關的人員被貼上「污名化」的標籤時，都會被排斥並冠之以「有

---

① 何光偉.特別報導：中國面臨土壤修復挑戰[EB/OL].（2014-07-14）[2017-07-30]. https://www.chinadialogue.net/article/show/single/ch/7079-China-faces-long-battle-to-clean-up-its-polluted-soil.

② 歐文·戈夫曼.污名：受損身分管理札記[M].宋立宏，譯.北京：商務印書館，2009.

害」的標籤。如果說前兩類的抗議議題是由於居民擔心污染會影響健康乃至生命安全，那麼污名化類議題既不涉及輻射危害，又不涉及排放污染物，為何也會引起居民的抗議呢？污名化類議題中所指的公共設施，如殯儀館、精神病院、火葬場、公共墓地給附近住戶造成緊張、恐懼和不愉快情緒，這種情緒日漸累積，就會爆發針對這些設施的抵制行動。

筆者收集的 150 起環境群體性事件的統計結果顯示，污名化類議題引發的群體性事件主要集中在城鎮，占比高達 90%，鄉村僅占 10%。在中國，死亡本身就是充滿悲哀、傷痛的事情。對於處理後事的一系列的儀式、活動場所甚至相關的工作人員，容易使人產生歧視。在眾多的公共設施中，殯儀館在文化結構中的死亡象徵意義最深，因此極容易在周圍的居民心理上籠罩一層不吉利的感情色彩。

由於人們根深蒂固的思想及文化上的偏見，對於諸如公共醫療機構的精神病院、傳染病院或一些社會服務類設施常常充滿了抵制的情緒，一些公眾往往認為精神病人、流浪者這類邊緣群體是不正常的，而且是危險的。因此，一些公眾以一種先入為主的偏見眼光看待這類人，自然而然地覺得自己的生活會被安置著這類人群的機構所影響，其結果是這類設施遭到一些公眾的排斥。

3.1.2 刺激因素的產生方式

童志鋒在研究環境抗爭時，按照污染事件是否發生這一標準，將環境抗爭分為反應型環境抗爭（已經造成污染事實引發的環境抗爭）和預防型環境抗爭（對可能發生的潛在污染進行

的抵制性環境抗爭)。①於建嶸提出了事後救濟型和事先預防型的重要區分。② 由前文的議題分析可以看出，反對重金屬污染、反對垃圾焚燒及填埋、反對其他工業污染的議題是作為一種既成事實的污染，公眾可以通過感官直接感受到刺激因素，從而引發群體抗議，這類刺激因素的產生方式簡稱污染驅動型。反對PX項目、反對核電站、反對變電站、反對垃圾焚燒及填埋項目、反對污名化設施的議題是存在潛在的危害，並還沒有成為事實。這些風險公眾不能通過直接的感官感受到，而是隨著環境意識、維權能力的提高，根據以往案例及政府不當的應對措施等公眾通過間接方式對未發生的污染或損害進行及時的判斷和抵制。這類刺激因素的產生方式簡稱風險預防型。

3.1.2.1 直接產生——污染驅動型

污染驅動型的刺激因素具有很明確的污染指向性，如城市菸霧瀰漫、固體廢棄物擴散、海洋油料泄漏、DDT（雙對氯苯基三氯乙烷）和其他農藥造成水資源污染。環境污染是非常容易被人觀察到的，對人的身體健康造成的傷害也是非常明顯的。本書以2009年湖南發生的村民反對湘和化工廠個案為例，詳細分析抗爭的刺激因素的產生過程。

第一階段：身體和周圍環境有異樣。

2003年，湖南省瀏陽市鎮頭鎮政府為推動當地經濟的發展，以招商引資方式引進了湘和化工廠。該化工廠是一家民營企業，主要經營的是硫酸鋅的生產，在其利用ZnO_2與H_2SO_4生產硫酸鋅的過程中，鎘離子被不可避免地置換出來，從而形成了鎘污染的源頭。一年以後，湘和化工廠瞭解到此時銦金屬的價格在

---

① 童志鋒.歷程與特點：社會轉型期下的環境抗爭研究［J］.甘肅理論學刊，2008（6）：85-90.

② 馮潔，汪韜.開窗：求解環境群體性事件［N］.南方週末，2012-11-29.

國際上一路飆升，於是在利益驅使下，冒著巨大的風險非法生產銦金屬。而在煉銦的工藝中，有毒鎘的產生同樣不可避免，使得本來就有限的環保防護措施更加捉襟見肘，於是大量的鎘離子隨著生產污水排入水體及土壤當中。其造成的後果可想而知，湘和化工廠周圍大面積土地被污染，周圍的樹林開始出現大片枯死的情況，附近的農作物也因污染大範圍地減產，有些田地甚至顆粒無收，村民飲用水出現異常，氣味腥臭難忍。更為可怕的是，危害從周圍環境開始蔓延到村民身上，一些人出現了四肢乏力、眩暈、氣悶、手腳關節疼痛的狀況。由於對鎘中毒症狀的不瞭解及此時的病情並不嚴重，很多村民將身體的不適僅歸結為一般的感冒，並沒有過多地在意。與此同時，附近村子的小孩也出現了同樣的病症。2008 年，部分患者查出不同程度的鎘超標。隨著鎘超標個體的不斷增多，當地民眾不斷向鎮、市、省各級相關部門反應鎘污染的嚴重危害。

第二階段：村民之死——鎘超標。

人體的某些疾病往往都是因為體內的有害化學物質不斷累積引起的。有害的化學物質隨著在化工廠排放的「三廢」進入人體內。例如，人們在呼吸時將廢氣中的有害物質帶入體內，廢水中的有害物質則會直接污染地下水，或者通過瓜果蔬菜、水稻小麥等食物被人類食用而帶到體內，而固體廢棄物中的有害物質則會污染地下水源，通過人體飲用受污染的水源而被帶入體內。根據多年來村民的生活觀察，罹患癌症的人在逐年增加。與此同時，村民的死亡率也在上升。2009 年 5 月，噩耗傳來，村民羅某某因體內鎘濃度過高而去世。一個多月後，另外一名村民同樣因體內鎘濃度過高而去世。然而死亡的陰影並沒有散去，反而愈發嚴重。在其後的一個多月內，村民熊某某、唐某某和周某某相繼意外死亡。五名意外死亡人員當中，有 4 人是湘和化工廠的在職工人。村民不斷意外死亡引起了瀏陽市

政府的高度重視。2009年6月初，瀏陽市組織湖南省勞衛所對湘和化工廠周邊500米範圍內的表層土壤、蔬菜、水稻、禽類進行檢測，並對化工廠1,200米範圍內的1,600餘名村民進行了人體檢測，檢測結果顯示表層0.2米的土壤鎘嚴重超標，蔬菜中鎘超標一倍多。在對1,600餘名村民的檢測中，政府發現竟有350人鎘超標，超標比重高達21.9%。① 2009年7月29日上午8時，村民集體上訪，規模達數百人。村民圍堵鎮政府，並要求給予補償，但遭到鎮政府的拒絕。第二天，上千名村民再度聯合上訪，瀏陽市的湘和化工廠的鎘污染事件由此被公之於世。

3.1.2.2　間接產生——風險預防型

垃圾焚燒廠、PX項目、核電站、變電站等鄰避設施是社會進步、經濟發展所必需的，但是項目的興建、日常運行造成的潛在污染、危險等負外部效應都需要附近的公眾來承擔，這給公眾帶來巨大的心理負擔和陰影。因此，公眾為了避免災害的發生，預防項目帶來的危害，在公眾恐懼心理的驅使下，抗爭行動最終演化成群體性事件。在2014年發生的廣東茂名反對PX事件中，可以一窺這類刺激因素的產生過程。公眾對PX項目已有恐懼認知，政府PX項目實施過程中一系列行為加劇了這種恐慌心理，這都成為最後群體性抗爭發生的導火索。

第一階段：已有認知形成的風險恐懼。

作為石油化工重鎮，茂名市被譽為「南方油城」。創立於1955年的茂名石化是華南地區歷史最悠久和最大的石油化工基地，項目建成後能給當地帶來巨大的經濟效益和無數的就業機會。一位茂名市的官員說：「項目每年將產生約300億元的銷售

---

① 黃興華. 湖南瀏陽鎘污染事件反思：需建立干群互信機制[N]. 瞭望，2009-08-12.

收入,平均每年增加稅收 6.74 億元,增加財政收入 2.04 億元。」① 2014 年 2 月 27 日,《茂名日報》刊登了茂名石化項目情況,茂名市公眾的心理開始被抹上一層陰影。在此之前,全國陸續發生的聲勢浩大的廈門反對 PX 事件、什邡反對 PX 事件、大連反對 PX 事件、寧波反對 PX 事件仍舊讓茂名市民記憶猶新。當公眾得知 PX 項目將要落戶茂名時,這種對 PX 過度恐懼和緊張的情緒也蔓延到整個茂名市區。普通民眾缺乏相關知識,在傳播的過程中容易相信壞消息,很容易產生畏懼心理,市民對此非常擔憂。

第二階段:政府「操之過急」的宣傳加劇了這種風險恐懼。

茂名市政府事先已經知道 PX 項目極具爭議性,試圖通過各種方式來消解爭議。2014 年 2 月初,茂名市政府到順利實施 PX 項目的九江市取經,回來後全市的石化系統、教育系統、各級政府簽署「支持芳烴項目承諾書」,承諾書存在隱性強制內容。這一行為立即在茂名市一石激起千層浪,當地的學生和家長對政府「隱性的強制」行為產生更多的誤解和反感,公眾對 PX 項目更加不信任。隨後,茂名市政府利用當地媒體刊登了將近 20 多篇文章科普 PX 項目的知識,這種密集的宣傳令許多市民知曉 PX 項目的建設,科普效果反而未達到宣傳部門的預期,宣傳材料無人相信,更增加茂名市民對政府「立即上馬」的「緊迫感」的抵觸情緒,公眾紛紛在當地論壇、貼吧、新浪微博等社交媒體上表達不滿。隨後,茂名宣傳部門為「訓誡」網友,對言辭激烈的網民採取身分核查等一系列網絡輿情監控措施,這一舉動更是激起網友的不滿和聲討。2014 年 3 月 27 日,茂名市政府為平息輿論,召集當地活躍且有影響力的網友召開 PX 項

---

① 王曉易. 茂名 PX 事件前 31 天還原:政府宣傳存瑕疵激化矛盾 [N]. 新京報,2013-04-05.

目推廣會，但推廣會場面失控，與會官員強硬的態度再一次讓參會者失望。此時，互聯網上民怨沸騰，茂名市政府一系列的做法不僅沒有讓公眾相信 PX 項目的環境風險處於可控狀態，反而使得公眾對 PX 項目更加擔憂，對當地政府更加不信任。政府對風險控制力的喪失使得一場反對 PX 項目的群體性事件不可避免。

3.2 環境群體抗爭動員過程

對於一個社會運動或集體行動，動員既是其發生的原始動力，也是抗爭有效發展，得以持續下去的關鍵因素。[1] 在抗爭政治理論和社會運動理論裡，動員是重要的研究主題，也是國內外學者們在研究集體行動時著力關注的領域。蒂利在《抗爭政治》一書中提到：「一個集體行動是否取得成功，行動者的動員能力扮演著核心作用。」[2] 斯梅塞爾的「加值理論」把動員因素列為決定社會運動產生的六大因素之一。在具體的動員過程中，組織、人際關係網絡、共同意識等都被視為重要內容。在環境群體抗爭中，動員同樣是抗爭產生和發展中最為重要的環節之一，在動員的過程中，「集體認同感」和「情感邏輯」成為號召公眾參與環境維權、抗議的關鍵變量。

3.2.1 集體認同感

麥克亞當曾說：「社會運動從潛在可能變成真實行動需要經

---

[1] 謝岳. 社會抗爭與民主轉型——20 世紀 70 年代以來的威權主義政治 [M]. 上海：上海人民出版社, 2008.
[2] 查爾斯·蒂利, 西德尼·塔羅. 抗爭政治 [M]. 李義中, 譯. 南京：譯林出版社, 2010.

歷集體認同的過程。」①基於共同的利益及體驗，集體認同感為參與者從共同意識有效轉化為實際行動做了思想、心理以及觀念上的準備，為行動賦予意義，有利於增加抗爭團體的凝聚力。在動員的過程中，認同建構是基礎階段，也是群體抗爭發生的前提。

關於認同建構的分析框架中，學者泰勒等人提出的「邊界、意識與對話」最具代表性。邊界既可以指物理結構，也可以指社會、心理的界限，存在於行動者與占優勢地位的被抗議者之間；意識則簡單概括為「解釋框架」，這產生於界定行動者的利益的過程中；對話指日常行動，可以用作重構既定體系。② 對此，環境群體抗爭中關於集體認同感的建構可採用此分析框架。

3.2.1.1 邊界標記

邊界意味著甘姆森所言的「我群」和「他群」得以區別的界限。關於邊界的標記對增強「我群」內部的團結感、認同感具有重要意義。在西方的環境運動中，邊界的概念主要探討正式組織的行動，如各種環保NGO。然而在中國環境群體抗爭中，由於國情不同，我們在探討邊界的時候，需要分情況討論。總體來說，在筆者收集的150起環境群體抗爭案例中，有明確組織參與的比例較少且城鄉有差別。在農村，抗爭組織化程度低，邊界的形成主要基於農村的熟人關係；在城市的環境抗爭中，小區常常被標記為邊界。

3.2.1.1.1 城市——業主委員會

城市現在基本以社區為單位制。在新媒體時代，小區的業主論壇、QQ群、微信群成為聯繫成員的紐帶。在平時生活中，

---

① DOUG MCADAM. Political Process and the Development of Black Insurgency 1930—1970 [M]. Chicago: University of Chicago Press, 1982.

② 維爾塔·泰勒，南茜·E. 維提爾.社會運動社區中的集體認同感——同性戀女權主義的動員 [M]. 劉能，譯. 北京：北京大學出版社，2002.

戶主與戶主之間交流較少，相互不熟悉，雖然小區基本都建立了業主論壇或 QQ 群，業主也很少交流，基本無歸屬感可言。然而，一旦有公共性的、互動性的、受關注程度較高的、傳播較快的以及與居民切身利益相關的話題，就很容易激發共鳴。例如，前面分析的環境議題，每個議題都是關乎公眾身體健康或生存環境的，因此此類議題進入小區居民的視野，很容易激發和強化利益受損感，再加之論壇、微信群、QQ 群等的傳播，小區居民能較快集結並參與抗爭。這時基於業主委員會組建起來的論壇就起了非常關鍵的作用。抗議者通過業主委員會瞬間激活「邊界」，形成暫時性的緊密抗爭體。

3.2.1.1.2 農村——熟人關係網絡

在農村，社會是以傳統密集型的村落聚居，這與城市以社區為單位聚居有明顯的不同，呈現出熟人社會的特徵，這樣的熟人社會是基於血緣、宗族、地緣形成的。首先，在農村中，血緣關係特徵十分明顯，親人常聚居而住，因此彼此非常熟悉。其次，地緣特徵非常突出，一方面，從地理空間上看，各村落之間可能散落分佈，但是同一個村落的村民一般住得比較近，並且生產生活的場所也在自然村，共同的居住、活動場所結成的地緣關係有利於彼此間的交流與聯絡。最後，在一部分農村地區，特別是在沿海地帶，宗族關係特徵表現突出，以同姓氏為單位的宗族內部成員多聚居且交往比較頻繁。大宗族歷史悠久且組織嚴密，動員能力較強，定期舉行祭拜祖先的儀式，更加深了宗族成員的身分認同感。因此，在綜合以上血緣、地緣、宗族形成的農村「熟人關係」網絡中，村民之間相互熟悉，交流互動頻繁，形成一個緊密的共同體。在農村中，一旦有環境事件發生，出於共同的環境威脅，再加之熟人關係，很容易形成一個休戚與共的共同體。面對環境污染，村民很容易被動員起來並聯合奮起抗擊。

3.2.1.2 意識形成

當邊界確定,「我群」和「他群」已經標記出來後,群體意識也要覺醒,這樣才能實現集體認同感的構建。具體而言,意識的形成就是通過文字、語言等方式賦予群體行動意義,這有助於行動合法化。在環境群體抗爭中,意識的形成是在抗爭者內部之間及內部與外部之間的互動中鍛造出來的。

在抗爭者內部之間,當邊界標記完成,無論是城市還是農村,抗爭內部的所有行動者都暗含著共同的利益訴求與目標。目標就是針對實施污染的企業或監督企業建設、生產的政府,訴求是針對刺激因素,即對污染源或潛在威脅物進行抗爭,為自己創造一個健康、安全且有質量保障的生存環境。這些利益訴求和刺激因素都與抗議者的生活緊密相關,面對環境危害的侵犯,抗議者不分你我,彼此分享消息,這些能有效地激發共同的命運感,結成穩定的抗議共同體。在這個過程中,群體意識在互動與交流中日漸形成,賦予行動意義與合法性。

在抗爭者內部與外部之間,蒂利等人提出「激活界限」[1],從而構建合法化行動,這是形成意識的另外一種方式。這種方式必須借助一定的通道才能完成,正如克蘭德爾曼斯所說:「激發起參與者行動起來的前提條件是一個熱議話題擁有了進入公共討論空間的途徑。」[2] 毋庸置疑,媒體成為這種意識形成的重要載體。在現代社會中,新媒體快速崛起,為公眾表達觀點提供重要平臺,與傳統媒體分庭抗禮,共同塑造公共話語。

對於新媒體平臺,其傳播特性決定了信息流通速度非常快,通過微博、微信、論壇等通道,環境信息很快被大家知曉,大

---

[1] 查爾斯·蒂利, 西德尼·塔羅. 抗爭政治 [M]. 李義中, 譯. 南京:譯林出版社, 2010.
[2] 貝爾特·克蘭德爾曼斯. 抗議的社會建構和多組織場域 [M]. 劉能, 譯. 北京:北京大學出版社, 2002.

家對這些信息的討論如火如荼。參與討論的人有受損公眾、普通公眾，大家紛紛從各自的角度和經歷發表自己的意見與看法，形成民間的話語公共圈。例如，北京反對阿蘇衛建設垃圾焚燒廠事件緣於一次偶然的機會，一位業主在鎮政府發現一份關於阿蘇衛垃圾焚燒廠的環評公示，於是通過業主論壇、QQ群發給其他業主。接下來，平時「寂靜」的這些新媒體開始異常活躍，業主們紛紛參與到話題的討論中，同時業主們還在搜狐焦點房地產的論壇上及個人網站發布抗議帖子，獲得了全國人民的圍觀和聲援。在討論中，不同的觀點、思想相互碰撞，形成共識，如「為了子孫後代，為了大家的健康，大家必須行動起來」，這些進一步加深了抗爭者的認同感並建立確保行動的合法性。

傳統媒體雖在信息的傳播速度上不及新媒體，但在傳播深度上佔有很大優勢。媒體選擇性的報導，如普及環保相關知識、對環保項目建設的合法性進行討論、對公民行為進行界定與闡釋等，啓發參與者與圍觀者進行重新思考。例如，在廈門PX項目事件中，傳統媒體引入「廈門人」的概念，瞬間激發廈門市民的共同意識與歸因。

3.2.1.3 儀式展開

除了邊界標記、意識形成，儀式展開也是必不可少的。儀式通過日常行動的形式展開，這種在現實生活中發生的日常行動能調動抗爭者的各種情緒，加快共同意識的建構，有利於集體認同感的最終形成。無論是在城市還是在農村，儀式的表現形式較為豐富，與抗爭者的日常生活聯繫緊密。

在城市的環境群體抗爭的動員階段，抗爭會在現實生活中展開儀式，其中最常見的是通過發放材料、召開小組討論會等號召參與者行動起來。例如，在北京反對阿蘇衛垃圾焚燒廠事件中，抗議者在進行遊行示威活動前，保利壘上小區召開了一

次業主大會，由於事關每個業主的切身利益，大家聽到消息後紛至沓來。一是展開民意調查，工作人員收集意見時發現幾乎所有業主對建設垃圾焚燒廠持反對態度；二是開展宣傳活動，工作人員向與會的業主們發放了有關垃圾焚燒廠的信息資料。在大會開完後，業主們通過面對面交流與溝通，進一步增加了集體認同感，參與熱情比以前更高了，隨後業主們在小區內拉橫幅、貼海報，為幾天後的遊行活動做好準備。

在農村的群體環境抗爭中，村民會通過串門、挨家挨戶通知、發材料或在小零售部定點聚集商量等儀式呼籲村民參與。例如，在福建屏南縣反對榕屏化工廠污染事件中，涉事地點在南溪坪村，村裡形成以張姓、宋姓兩家為核心的宗族特徵。在動員的過程中，帶頭人張某某帶領人在同宗族的村子裡發放宣傳材料，號召大家關注污染，同時組織村民輪流值班監視企業的污染行為。在他們集體發起環境公益訴訟前，為籌措打官司的資金，村民們在張某某的帶領下到縣裡開展募捐活動。這一系列的行為在某種程度上可視為儀式，對強化抗議村民的認同感、推動村民積極參與有著重要作用。①

3.2.2 情感動員

在中國環境群體抗爭的動員中，情感邏輯是動員的重要機制。在西方，早期社會運動的研究者認為引發集體行動的情感因素是非理性的並且整個社會都是病態的。20世紀70年代，這一研究思路遭到了許多學者的質疑和批評，取而代之的是以倡導理性為主的資源動員視角來研究集體行動，並且長時間地占據主流話語權，情感分析被擱置起來。直到20世紀90年代，情

---

① 童志鋒.認同建構與農民集體行動［J］.中共杭州市委黨校學報，2011（1）：74-80.

感研究才逐漸開始恢復。造成這種現象的根源與當時西方社會穩定、行動者有專業化訴求有關。

然而在中國群體抗爭的研究初期，學者對情感研究的重視度不足，主要是引進和吸收西方理論。後來，研究者們結合中國的實際國情進行本土化研究，除了繼續從理性視角對集體行動分析外，還開始關注情感在集體行動中的作用。其代表性的觀點有：將社會泄憤作為抗爭事件的一種分類[1]，「氣」或「氣場」在抗爭中的運用[2]，在抗爭中的情緒共振效應[3]，悲情抗爭[4]，等等。在中國進入社會轉型、利益調整的關鍵時期，各種矛盾凸顯，情感成為催生抗爭的重要因素，再加上傳媒的日益開放、新媒體的崛起，行動者採取「煽情」「悲情」等抗爭方式的成本大大下降。這就決定了情感研究在中國群體抗爭中的重要性勝於西方。

從情感邏輯過程來講，在動員階段，我們可以借鑑學者提出的情感醞釀、情感引爆、情感巔峰等階段[5]來研究環境抗爭的情感邏輯。在情感醞釀階段，公眾的情感激發還處於萌芽狀態，主要是由刺激因素引發受損者的害怕、擔憂、不滿情緒。在這個時期，污染、環保、受損公眾間尚未構建成一個公共話題。但是這個時候受損公眾會開始有意識地尋求關聯，主要針對自

---

[1] 於建嶸. 社會泄憤事件中群體心理研究——對「甕安事件」發生機制的一種解釋 [J]. 北京行政學院學報, 2009 (1)：1-5.

[2] 應星. 氣場與群體性事件的發生機制——對兩個個案的比較 [J]. 社會學研究, 2009 (6)：105-121.

[3] 朱力, 曹振飛. 結構箱中的情緒共振：治安型群體性事件的發生機制 [J]. 社會科學研究, 2011 (4)：83-89.

[4] 王金紅, 黃振輝, 中國弱勢群體的悲情抗爭及其理論解釋——以農民集體下跪事件為重點的實證分析 [J]. 中山大學學報（社會科學版）, 2012 (1)：152-164.

[5] 陳頎, 吳毅. 群體性事件的情感邏輯：以DH事件為核心案例及其延伸分析 [J]. 社會 2014 (1)：75-103.

我困境與外部環境。於是受損公眾會彼此交流感受與心得，發現自我的困境其實是大家共有的困境，這個時候相同的遭遇會激發起成員共同的憤怒情緒，情緒與日俱增，集體認同感開始構建，從而成為動員的基礎。

在情感引爆階段，情感的爆發需要在累積的基礎上找到一個臨界點來突破，這個時候公眾在情感醞釀階段已經積聚了對污染行為或項目建設的諸多不滿、擔憂的情緒，情感只需要一個引爆點就會立即點燃。在環境抗爭中，這些引爆點常常表現為：受損公眾向政府申訴、遭到政府的屢次拒絕或搪塞、最後協商失敗或新情況。例如，在湖南省的鎘污染事件中，44歲的村民羅某某因鎘中毒突發去世，之後不久，又有兩位村民因為同樣的原因相繼離世，眼看著與自己生活在同一個環境下的村民因為鎘中毒紛紛死亡，整個受損村陷入人人自危的境地，村民積怨已久的情緒終於爆發了，於是村民再一次向當地政府提出申訴，而政府對死者的消極態度讓公眾徹底憤怒。

情感巔峰階段是群體集聚、對抗政府的階段，公眾的情感達到最頂峰，受損公眾採取遊行、示威、堵路甚至搶砸等所謂的「正義表演」形式，不斷動員其他受損公眾參與進來。

從情感動員內容來看，有學者對網絡動員研究後得出「憤怒、悲情及戲謔是激發網民行動的主要情感」[1]的結論。其中，憤怒與悲情這兩種情感在環境群體抗爭中表現突出。無論是在新媒體上受損公眾發表的各種言論，還是在動員過程中各種標語、宣傳材料上的內容，憤怒和悲情都占據了情感的大部分。這些內容的表達要麼極度憤怒地控訴企業行徑和政府行為，引發公眾的群體憤慨，要麼把受損公眾描述成手無縛雞之力的弱

---

[1] 楊國斌. 悲情與戲謔：網絡事件中的情感動員 [J]. 傳播與社會學刊, 2009（9）：39-66.

勢群體，生存空間受到威脅，引起同情。無論是哪種情感，都能引發受損公眾與其他公眾間的共鳴。值得注意的是，情感動員也是一把雙刃劍，雖然在號召公眾參與、擴大事件影響上扮演著重要角色，但是也會被別有用心的人利用，這些人多是利用情感的噱頭，打感情牌，挑撥公眾與政府之間的關係，加劇政府與群眾間的矛盾。

3.3 環境群體抗爭策略與「劇目」

在群體抗爭中，抗爭策略的運用是整個抗爭行動的關鍵一環，是決定抗爭能否取得成功的重要因素。蒂利借助戲劇藝術相關的術語——「表演」和「劇目」，提出「抗爭劇目（Repertoire）」的概念，即一種地方性的、為人熟知的、在歷史中形成的群體性的訴求伸張活動的表現形式，簡而言之，就是人們為了追求共同的利益而普遍知曉的可用抗爭方式的總和。蒂利認為，抗爭劇目具有穩定性，表演根植於歷史和文化深處[1]，在抗爭者與國家的長期互動中，劇目在一定時空內反覆出現，然後匯聚成固定的、群體熟悉的常備劇目，並被反覆運用於訴求者和訴求對象的對手戲中。但是隨著時間、空間、抗議者與訴求對象的變化，抗爭劇目也會做出相應的調整和變化，選擇何種劇目反應了抗爭者的策略，也反應了抗爭主客體之間的關係。蒂利的研究選取的樣本是歐美發達國家，雖然和中國的國情不同，但他已經考慮到不同社會基礎和政治背景，是在抗爭發生的不同時間、地點、行動者、相互作用、訴求以及結果諸方面

---

[1] 裴宜理. 中國式的「權利」觀念與社會穩定 [J]. 閻小駿，譯. 東南學術，2008（3）：1-4.

呈現的差異和共性中捕捉出的特點。

關於抗爭劇目的選擇，國內學者引入和遵循詹姆斯·斯科特（James Scott）提出的「日常抗爭的弱者的武器」這一視角來解釋中國抗爭的行為。李連江與歐博文提出「依法抗爭」，即農民依據法律法規進行合法反抗。① 於建嶸通過實地調查研究提出「以法抗爭」，抗爭者直接挑戰他們的對立面，即直接以縣鄉政府為抗爭對象。② 董海軍基於斯科特的研究，提出「利用弱者身分」的優勢積極地進行利益表達。③ 徐昕則提出「以死抗爭」，即把以生命健康作為代價和賭註的悲情行為作為一種抗戰策略，這在基層民眾中並不罕見，尤其是農民工在維權中，頻頻出現宣稱自殺或發生自殺式的維權事件。然而，以上研究都有一個共同點，即這些策略都是從個案分析出發，在特定事件中片段式地提取出參與者的抗爭方法，總結出參與者表達訴求的抗爭策略，這種研究結果雖然富有意義，在特定事件中有較強的解釋力，但卻不能對同一類型的事件進行概括性的總結。本書研究的對象是環境領域中的 150 起群體性事件，尤其是在作為對抗爭結果有著至關重要影響的行為策略的選擇上，抗爭者採用何種策略表達環境訴求？是否可以總結出能夠基本涵蓋和框定環境領域的抗爭策略的方法呢？

本書研究的 150 起環境群體性事件在發生地點、過程、結果、參與者上不盡相同，可借鑑蒂利和塔羅對劇目的研究，不同政體導致抗爭者採取不同的行動劇目。在民主國家，因為有

---

① 於建嶸. 當前農民維權抗爭活動的一個解釋框架［J］. 社會學研究，2004（2）：44.
② 於建嶸. 當前農民維權抗爭活動的一個解釋框架［J］. 社會學研究，2004（2）：44.
③ 董海軍. 作為武器的弱者身分：農民維權抗爭的底層政治［J］. 社會，2008（4）：34-58.

專門設立的處理和控制衝突的機構，公眾大多採用有節制的抗爭；而在專制國家，獨裁政權將許多的表達形式視為危險物，因此抗爭多採用逾越界限的形式。在混合型的政權中，逾越界限的抗爭和有節制的抗爭共存。在中國的環境群體抗爭中，逾越界限和有節制的抗爭都存在。

3.3.1 有節制的抗爭

所謂有節制的抗爭①，指的是這樣的一種抗爭：就像公眾集會的參與者們開始呼喊煽動性口號時所發生的情形，但它還是在政權所規定或容許的提出要求的形式中。在中國，有節制的抗爭行動表現為以較為理性、合法的手段向政府表達訴求，爭取合法利益。在環境群體性事件中，最常見的有節制的抗爭包括環境上訪、環境行政復議、環境訴訟、向新聞媒體求助等。

3.3.1.1 環境上訪

按照不同的抗爭策略環境上訪可分為兩種不同的形式，一是「調解型抗爭」，二是「直接行動」。就行動的激烈程度而言，前者的抗爭方式屬於溫和型，其具體表現為利益訴求者並不與抗爭對象直接抗爭，而是利用現有的訴求管道，尋求上層支持者的保護和同情，集體上訪就是這一典型的表現形式。學術界一般使用信訪制度衍生而來的上訪概念，實際上包括了用來信的方式反應問題的信訪和用走訪形式反應問題的上訪。在環境群體性事件發生前，大部分受損公眾會採取體制內的救濟渠道，即希望通過上訪的形式打破官僚體制的藩籬，向領導表達訴求，以期解決糾紛。在筆者收集的150起環境群體抗爭案例中，除去不詳信息的個案，採取上訪形式的環境群體抗爭占比高達70%。經檢驗，城鄉集體行動發生前是否發生過上訪有

---

① 麥克亞當. 鬥爭的動力 [M]. 李議中, 屈平, 譯. 南京: 譯林出版社, 2006.

顯著差異（$\chi^2 = 7.752$, $p < 0.05$）。在鄉村，上訪的比例高達 74.5%。

在湖南鎘污染的事件中，當地居民被查出鎘超標之前，即 2003 年湘和化工廠建成投產後不久，工廠生產導致的污染問題就引發了當地居民的不滿，當地村民一直向鄉鎮政府反應問題，要求解決問題，但遭到鄉鎮政府的拒絕，於是當地村民將有關證據和材料交到縣政府、縣環保局，向市環保局、市政府反應情況。但有關部門始終沒有採取得力的治污措施，給群眾的回覆要麼就是「正在研究」，要麼就是「正在處理」，甚至上訪群眾還遭到鄉鎮政府的圍追堵截。當地村民的訴求一直未能得到政府的重視，村民內心不滿和憤怒的情緒一直在累積，村民與政府的矛盾和隔閡不斷加深。到 2009 年，一位村民因鎘中毒去世成為事件的引爆點，這位村民的離世讓其他村民惶恐不安，於是 200 多名村民向當地政府提出檢查身體、處理污染以及賠償的請求。在長達兩個多月與政府的溝通、協商中，村民的訴求都沒有得到很好的解決，矛盾再次升級，終於引發上千人圍堵政府、派出所的極端行為。

環境上訪本是為加強地方政府與公眾聯繫，是國家賦予民眾的基本權利。但是在實際情況中，這是一條脆弱的「下情上傳」的渠道，上訪常常被用來檢驗是否穩定和諧，一些地方政府視上訪者為「洪水猛獸」，不惜對上訪公眾採取種種抵制、打壓政策，如置之不理、拖延甚至圍堵、抓捕、關押、勞教上訪者。個別地方政府不但沒有解決矛盾，反而激起民眾更大的怨恨和憤怒，一旦超過民眾的承受極限，群體性事件隨即爆發。

3.2.1.2 *環境行政復議*

行政復議是行政訴訟的必經程序，受理機關一般是做出具體行政行為的行政機關所屬的人民政府或其上一級主管部門。行政復議是公眾環境維權、群體抗爭的重要途徑之一，據環保

部原副部長潘岳在一次會議上的介紹：「從 2005 年起，環境行政復議案增長迅速，2009 年，僅這一年的其中 10 個月，環境行政復議的案件總數就相當於 2007 年之前辦理案件數的總和。」這個數據反應出中國環境保護矛盾重重，同時這也反應出越來越多的公眾希望通過環境行政復議來表達訴求，解決問題。如果相關部門處理不當，很容易引發群體性事件。在筆者收集的 150 起環境群體抗爭案例中，有不少環境群體性事件發生前受損者採取了行政復議的手段。

2009 年 4 月，西部垃圾焚燒廠幾經易址後終於落戶秦皇島市撫寧縣留守營鎮潘官營村，然而直到半年後，村民在村委會召開的關於垃圾焚燒項目徵集意見的會議上才第一次瞭解到此消息。2009 年 5 月，河北省環保廳下發環評批文，當地政府準備開始建設該垃圾焚燒項目。但當地公眾擔心垃圾焚燒廠可能產生致癌物加之徵地賠償問題一直懸而未決，該項目遭到項目附近的潘官營、小營、黃義莊、桃園等 37 個村委會的集體一致反對。2010 年 8 月，經過推選，幾名當地村民聯名向環保部申請行政復議，請求環保部做出裁決，請求撤銷河北省環保廳發布的環評批文。4 個月後，環保部做出維持上述批文的行政復議決定。

在北京發生的反對六里屯垃圾焚燒廠事件中，項目周圍小區的居民在維權的過程中，兩次提出行政復議。第一次是 2007 年年初，當地居民就六里屯垃圾焚燒項目的規劃問題向北京市政府申請行政復議。2007 年 5 月，行政復議結果是予以維持。第二次是 2007 年 2 月，當地居民向環保部申請行政復議，要求停建垃圾焚燒廠。2007 年 6 月，環保部維持北京市政府的決定，但特別強調「未經核准不得擅自開工建設」。隨後，北京市相關部門在論證垃圾焚燒項目過程中發現垃圾焚燒可能存在環境風險，最終做出了棄建的決定。

3.2.1.3 環境訴訟

中國大多數法律規定，公民在選擇了行政復議之後如對復議決定不服，可以提起行政訴訟。行政訴訟是公眾維護環境權益的一種重要方式，是典型的「民告官」①。中國環境訴訟可以分為兩種：一種是環境民事案件，目的是停止傷害，尋求受損賠償；另一種是針對政府部門的行政訴訟，主要是為了糾正錯誤或非法的行政活動。然而，在實踐中，環境糾紛的司法救濟並不強，中國的環境訴訟案件數目很少，環境訴訟一直被業內人稱為「難於上青天」的訴訟。中國政法大學污染受害者法律援助中心主任王燦發將環境司法的難處歸納為：起訴難、舉證難、鑒定評估難、找鑒定單位難、因果關係認證難、勝訴難、執行難「七難」，很多案件從提起訴訟到最終結案需要花費幾年的時間。② 在筆者收集的 150 起環境群體抗爭案例中，採取環境訴訟進行環境抗爭的案例僅有 4 起。其中最有代表性的是秦皇島反對西部垃圾焚燒風波。

在前面提到反對西部垃圾焚燒項目環境行政復議失敗後，2011 年 1 月，4 位村民代表向河北省環保廳提起行政訴訟。2011 年 5 月，河北省環保廳撤銷批文，要求在新的環評報告批准前該垃圾焚燒廠不得施工。村民的抗爭暫時取得成功，但新的問題接踵而至。2011 年，西部垃圾廠所屬的浙江偉明公司成功通過環保部的環保上市審查，加上偉名公司與村民的溝通不暢再次激怒村民。經過多方查證、核實，村民發現了該項目環評材料造假的證據，具體表現為：一是項目公示兩次，但村民表示從未見到公示公告；二是公眾參與意見調查表造假，受訪村民

---

① 胡寶林，湛中樂. 環境行政法 [M]. 北京：中國人事出版社，1993.
② 李興旺，寧琛，劉鑫. 艱難推進中的環境維權 [M] // 梁從誡. 2005：中國的環境危局與突圍. 北京：社會科學文獻出版社，2006：64.

的姓名與數量與實際不相符；三是會議記錄中的時間和簽名涉嫌偽造。2012年，2名村民代表以「環保部核查通過具有環境違法行為的企業」為由，將環保部起訴至北京市第一中級人民法院，但法院裁定：此案不予立案。該風波並沒有停止，村民與企業、政府仍在對峙僵持中，村民及其代理律師準備向國務院辦公廳、監察部和審計署舉報。

在安徽省仇崗村反化工污染事件中，村名張某某帶領全村村民與當地排污企業進行長達5年的抗爭。在數次上訪無效後，張某某決定採取法律武器，起訴當地污染企業。可是張某某很快發現自己力量弱小，「如果受害方要想採用法律手段，需要有證據，其中包括相關手續、化驗單。反觀企業，在法庭上，化工廠不僅有合格的生產許可證，還有無污染的各種證書，甚至還有省裡和市裡頒發的各種先進企業的獎牌」。2004年和2005年的兩次開庭並沒能制止化工廠繼續排污。

3.3.2 逾越界限的抗爭

由於有節制的抗爭方式有時處於失效狀態，公眾不得以只能從較為溫和的體制內抗議方式轉向體制外抗爭。在蒂利看來，逾越界限的抗爭指的是「那種越過了制度性的界限而進入到被禁止的或未知地帶的抗爭」。這類抗爭要麼是超出既定的標準和要求，要麼是為了贏得廣泛的關注和獲取更多的抗爭資源，採取創新的表達形式，甚至是過激的方式。學者克勞沃德等人認為，當窮人在抗爭的時候，沒有組織資源的幫助下，過激行為就是他們的唯一武器。在中國，當環境問題發生時，出於隱忍的傳統思想影響，一開始，受損公眾會選擇比較溫和的方式表達需求，如通過上訪、行政復議甚至訴訟等體制內的救濟渠道，但這些途徑在一些情況下都無法有效解決環境問題和糾紛。於是迫不得已，受損公眾就會轉而尋求「弱者抵抗的武器」，即體

制外的表達方式，有時甚至會突破傳統的抗爭形式，創造新劇目。

3.4 環境群體抗爭的結果

蒂利與塔羅在抗爭政治理論中談到，抗爭結果是指抗爭有關的地點變化、政治行動者及其相互之間關係的改變。[①] 社會運動理論學者們不僅關注運動是如何發生的，還關注公眾發生行動後帶來的結果。這個結果可以包含兩層含義，一層含義是抗爭最後是否取得勝利，另一層含義包含的內容更為豐富，抗議結果不單只談運動的成敗，還包括抗爭行為帶來的深遠影響。例如，抗爭行為改變了國家政策，對於社會的政治、經濟、文化等層面是否帶來影響等。無論抗爭成敗與否，其抗爭結果呈現的直接效應與間接效應常常是可以結合起來探討的。如果直接從抗爭結果上來講，其具體表現為各級政府對與環境議題相關的公共政策做出的調整和改變，如處罰、整頓、改建、停建、停產、取締等。從抗爭結果的間接效應來講，主要體現在政府對相關政策、規章制度的改變甚至是國家從戰略上做出的改變，如針對抗爭議題出抬新的政策法規。在有的情況下，抗爭甚至能夠影響國家發展戰略的方向。

3.4.1 抗爭的直接結果

通過前文分析，環境群體抗爭往往是由環境污染或者潛在危險項目引發的，因此公眾抗爭的目的除了一些經濟賠償的訴

[①] 查爾斯·蒂利，西德尼·塔羅. 抗爭政治 [M].李義中，譯.南京：譯林出版社，2010：250.

求外，更多的是希望停止污染或遠離這些危險項目，這種訴求一直貫穿環境抗爭的始終。因此，抗爭的直接結果往往呈現如下狀態：

公眾針對已經發生環境污染事實的主體進行抗爭，如反對化工廠，企業一般是污染的主體，公眾的抗爭對象也是企業，其抗爭結果要麼是企業置之不理，正常生產；要麼是企業暫時停止生產，進行安全和環保整頓，污染事故較為嚴重的企業往往遷走或被直接取締。

公眾針對未發生環境污染但有潛在環境威脅的主體進行抗爭，如垃圾焚燒項目、PX項目、核電站等，政府或有政府背景的企業是這些項目的實施者，公眾抗爭的對象是政府或與政府緊密相關的企業。其抗爭結果是項目繼續實施或項目暫停建設，或者是項目永久停止。

對於這兩種抗爭行為，我們可將抗爭結果統計成三類，即企業或項目暫停、企業或項目照常運行、企業或項目取締。根據2003—2014年影響較大的150起環境群體抗爭的結果統計顯示（見圖3.3），除掉不詳信息，在抗爭結束後，企業或項目照常運行的占比為33%，抗爭結果為企業或項目取締的占比為24%，抗爭結果為企業或項目暫停的占比為43%。但是在有些情況下，政府雖然下了項目停止生產或暫停建設的通知，但實際上是緩兵之計，是為了及時化解矛盾，屬於平息民眾情緒的手段，等輿論平復後項目有可能繼續生產。

3.4.2 影響公共政策

安德森認為，政策變遷指的是出於各種原因，新的政策、規章制度取代已經存在的政策，這個新政策可以是一個，也可以是多個，具體而言是新政策的頒布實施、現存政策的修正，

企業或項目
照常運行
33%

企業或項目
暫停
43%

企業或項目
取締
24%

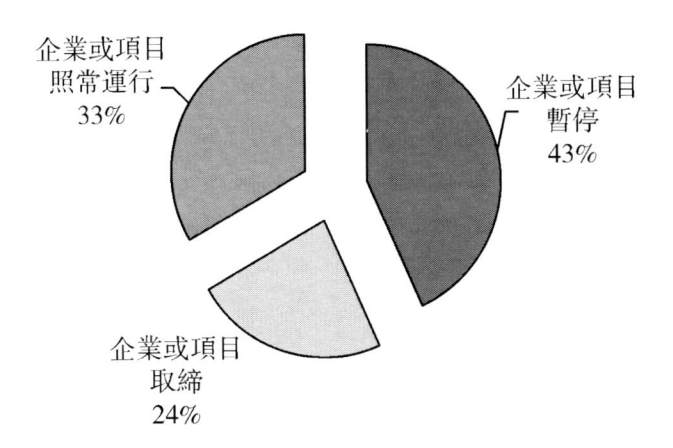

圖 3.3　2003—2014 年影響較大的中國環境群體性事件抗爭結果分佈

或者是現存政策的廢止。[①]重大的環境群體抗爭事件除了事件本身產生直接效果，還常常會帶來間接效應，如能夠促使政府根據相關環境議題出抬新的政策法規，使得公共政策變遷。首先，公共政策是政府機關解決公共問題所採取的行為準則和行為規範。人類社會在不斷追求進步，只要有進步就會不斷尋求突破與改變，因此公共政策隨著時間的推移、社會的變化而不斷演化。其次，「在西方，政府不是公共政策制定和執行的唯一主體，私營部門、NGO、公民都可以成為政策主體」[②]，但中國還尚不存在類似西方國家的多元決策體制，不過在多元利益主體的社會背景下，傳統行政主導的封閉式政策制定模式向開放合作的模式轉變，公共政策的制定不再完全是政府單方面的工作，政府日益開放的行為和態度使得公民有機會有效介入，並在與政府的互動中，形成相似的政策訴求，共同催生公共政策的演

---

① 楊代福. 西方政策變遷研究：三十年回顧 [J]. 國家行政學院學報，2007（4）：104-108.

② 李東泉，李婧. 從「阿蘇衛事件」到《北京市生活垃圾管理條例》出抬的政策過程分析——基於政策網絡的視角 [J]. 國際城市規劃，2014（1）：30-35.

變。在環境抗爭中，政府常以事件主體或仲裁者的角色出現，無論政府扮演哪種角色，公眾都會不可避免地與之頻繁互動，在互動中推進公共政策的演變。再次，在大型的環境群體抗爭中，如鄰避設施的停建或取締雖然意味著抗爭的結束，但是卻折射出許多深層次的話題，如公眾參與性、環保理念、環境評價等在環保領域裡面比較突出和前沿的問題，這為公共政策的制定提供了新鮮的素材和範本。最後，大型環境抗爭的規模往往較大，參與人數眾多，極易釀成群體性事件，給政府管理和社會秩序帶來巨大的挑戰。因此，政府為了規避此類風險，更好地促進環境治理，相應的公共政策就應運而生了。

2011 年，北京阿蘇衛的社區居民為阻止垃圾焚燒廠項目展開各種抗議活動，這些活動雖然引起大量媒體報導和政府關注，但都收效甚微，對解決問題沒有實質性的作用。於是社區居民開始轉變思路，選擇合作的方式，積極參與到政府關於垃圾焚燒的調研、考察工作之中。在參觀完東京產業園後，北京市政府隨即起草《北京市生活垃圾管理體例》，在 2012 年得到北京市人大審議通過。社區居民與政府在垃圾焚燒問題的解決過程中由衝突、對抗到對話，最終完美地促成了政策的出抬。不僅如此，為了保證垃圾分類能夠真正地貫徹執行，社區居民提出建設「綠房子」作為小區生活垃圾二次分類的試點，該社區最後被北京市昌平區列為垃圾分類示範小區，與政策落實相得益彰。[①]

2011 年，南京市因修建地鐵需移植梧桐樹，南京市民與多名微博名人聯合發起「拯救南京梧桐樹」活動，線上線下共同推動此事，將此事推到輿論的聚焦點。在政府與民間的互動和

---

① 李東泉，李婧. 從「阿蘇衛事件」到《北京市生活垃圾管理條例》出抬的政策過程分析——基於政策網絡的視角 [J]. 國際城市規劃，2014 (1)：30-35.

博弈中，南京市政府不僅修改地鐵路線，做出停止移樹的決定，還以此為契機，最終催生了以「工程讓樹，不得砍樹」為原則的《南京市城市建設樹木移植保護諮詢規定》，即「綠評制度」，這是中國地方政府實施「綠評制度」的首例，之後南京市再有重大項目建設，都需要對周邊環境產生的影響做出評估，作為工程實施的前提條件，「綠評制度」的實施對南京市的環境保護產生了重要影響，也成為其他城市效仿的對象。[①]

2012年7月，江蘇省啓東市民眾因擔心王子造紙廠修建的排污設施會給當地帶來嚴重污染，成千上萬的當地居民在啓東市廣場聚集，甚至與當地警察發生衝突。這件事引起國內外媒體關注，更引起江蘇省委省政府的高度重視。為杜絕類似事件的發生，2012年10月29日，江蘇省環保廳吸取「啓東事件」的經驗與教訓，下發了《關於切實加強建設項目環保公眾參與的意見》，江蘇省要求省內各地如有重大工程建設時，必須要進行環評，在環評中需要增設「穩定風險評估」內容，正式引入強制聽證制度，積極採納公眾的意見。具體來講，涉及大型、敏感、熱點的環境項目時，如有潛在的重大環境風險，政府需要進行書面問卷調查，調查的樣本不能少於200份。這些項目的建設信息需要在主流媒體上公示，最後需要對公眾參與情況進行復核。[②]

[①] 曹陽，樊弋滋，彭蘭. 網絡集群的自組織特徵——以「南京梧桐樹事件」的微博維權為個案 [J]. 南京郵電大學學報（社會科學版），2011（13）：1-10，34.

[②] 鄭旭濤. 預防式環境群體性事件的成因分析——以什邡、啓東、寧波事件為例 [J]. 東南學術，2013（3）：23-29.

4 不同行為主體在中國環境抗爭中的參與研究

前面從縱向角度對環境抗爭的過程進行了梳理，本章從橫向角度剖析抗爭行為主體的參與現狀與功能。這些主體既包括社會管理的職能部門——政府、環境污染的實施者——企業、環境群體抗爭的參與者——公眾構成的核心三角行為主體，也包括媒體、意見領袖、NGO 構成的其他重要參與主體。這些行為主體是中國環境抗爭的支柱，在推動環境抗爭發展中起到了決定性作用，甚至決定抗爭走向。

4.1 核心三角行為主體

4.1.1 社會管理的職能部門——政府

在環境群體性事件中，政府無疑居於主導地位：「無論政府是以仲裁者或調解者的面目出現，還是政府及其相關部門本身就是抗議的目標物——抗爭行為都不可避免地要和各級政府機

構打交道。」① 這也是蒂利界定的「抗爭政治」。首先，中國處於社會轉型階段的關鍵時期，社會結構發生了深刻的變化，社會上存在一定的不和諧現象，不穩定因素增多，環境污染形勢嚴峻，這給政府進行社會管理提出了新的要求和挑戰，環境群體抗爭的發生、發展與政府的管理有著密切的聯繫，處理好環境抗爭事件應成為政府管理的重要任務。其次，在應對環境群體性事件中，政府作為唯一具有強制力的權威社會機構，需要發揮積極的作用，政府應成為治理環境群體抗爭的主要力量，為維護正常的社會秩序負責。

在中國，政府對環境保護與治理負有重要責任，中央政府和地方政府各司其職，中央政府主要是重大環境舉措、價值、理念的提出者，環境保護與治理政策的制定者，地方政府是這些方針政策的貫徹者和執行者。因此，在環境領域發生群體抗爭時，各級政府都不免參與其中。作為政府的重要職能之一，各級政府應當在其能力範圍內對公眾環境參與、利益訴求等給予最大限度的滿足和尊重，妥善處理公眾的訴求，公正和有效地解決問題。

4.1.1.1 中央政府——宏觀調控

以生態環境部為代表的中央政府機構在環境領域的主要職責如下：一是擬定相關的環保法律法規，組織制定各類環境保護標準、技術規範，如政府為了充分保障公民的參與權與知情權，減少大型項目帶來的環境風險，出抬有關公眾參與的法規、環保信息公開條例；二是負責環境污染防護與治理的監督管理；三是落實和推行大型環保措施，如「環評風暴」；四是負責重大環境問題的統籌協調和監督工作。從以上職能可見，中央政府

---

① 劉能. 當代中國群體性集體行動的幾點理論思考——建立在經驗案例之上的觀察 [J]. 開放時代，2008（3）：110-125.

主要從大局上把握中國環境領域的相關工作，對於很多環境群體性事件，一般都通過地方政府進行干預，只有當發生重大的環境事故或群體性事件，或者屬於中央政府部門的職責而須履行時，中央政府直接介入的可能性會比較大。

在筆者收集的150起環境群體抗爭案例中，有中央政府干預的環境抗爭佔比僅為21.3%，一種是環境保護部門的介入，如在湖南郴州兒童血鉛中毒事件引發群體抗爭後，環保部派專員到污染糾紛地督查；另一種是其他中央機構的干預，如在北京高安屯垃圾焚燒事件中，國務院行政復議司做出裁決。雖然中央政府機關對環境群體抗爭的干預次數少，但是環境抗爭一旦進入中央政府的視野，中央政府機關在解決衝突過程中發揮關鍵作用。在廈門反對PX項目的風波中，當廈門市民與當地政府形成對峙局面時，國家環保總局迅速做出反應，組織各方專家，對廈門市全區域進行規劃環評。國家環保總局希望廈門市政府參考規劃環評結論，對現有規劃進行合理調整，盡可能改變PX項目緊鄰廈門市居民區的局面。國家環保總局代表的是中央政府在環境事務上的立場和態度，能夠引發新的輿論關注，在緩解矛盾和解決衝突方面起到關鍵作用。

4.1.1.2 地方政府——直接干預

通過前面的分析可知，2003—2014年國家每年投入環境治理的總額都在增長，中央政府花費大量的人力、財力、物力在環境保護和治理上，同時也積極制定和出抬相關的政策、法規、方針。然而，地方政府是國家制定的環境保護方針政策的具體貫徹者和執行者，在實際操作中，經濟發展凌駕於環境保護之上成為一些地方政府的選擇，這使得環境保護和治理的落實走了樣，其效果大打折扣。環境管理的鬆懈已經嚴重危害公眾的生存環境和身體健康，由此頻頻爆發群體抗爭事件，地方政府成為解決和干預環境群體抗爭的主體力量。筆者收集的150起

環境群體抗爭案例顯示，有市級政府干預占比最高（77.9%），鄉鎮級政府干預占比44.9%，縣（區）政府干預占比32.4%，省級政府干預占比31%①。

從國外政府部門應對抗爭的方式來看，主要有兩大類：一種是軟性控制，該干預方法比較柔性、溫和，如用禁言等②方式來干預。另一種方式與之對應，干預方式比較強硬，如警告③、逮捕、鎮壓、網絡監察，甚至採用暴力干預④。中國地方政府在環境抗爭中的干預呈現積極干預和鎮壓式干預兩種（見圖4.1和圖4.2）。其中在積極的干預方式中，政府召開公眾座談會、協調會的占比最高（41.5%），其次是實地考察（39.4%），還有徵集市民意見（29.8%）、開展環評（28.7%）、專家論證會（27.7%）方式。在消極的干預方式中，占比最高的為堵截逮捕涉事者（56%），其次為暴力執法（52%），還有網絡監控（如刪帖，34.7%）、禁止媒體報導（28%）方式。

4.1.2　環境群體抗爭的參與者——公眾

參與者是群體抗爭的主體，根據學者單光鼐的劃分，在群體性事件的參與者中存在幾種類型的共同體。在群體性事件中，參與者可以劃分為：第一層的直接利益攸關者（引子）、第二層

---

① 因為同一事件可能會有多級政府干預，所以不同級別政府干預比例之和超過100%。

② STERN RACHEL E, JONATHAN HASSID. Amplifying Silence: Uncertainty and Control Parables in Contemporary China [J]. Comparative Political Studies, 2012 (10): 1-25.

③ DELLA PORTA, DONATELLA, HERBERT REITER. Policing Protest: The Control of Mass Demonstrations in Western Democracies [M]. London: University of Minneasota Press, 1998.

④ CUNNINGHAM D, DAVID. Surveillance and Social Movements: Lenses on the Repression Mobilization Nexus [J]. Contemporary Sociology, 2007, 36 (2): 120-124.

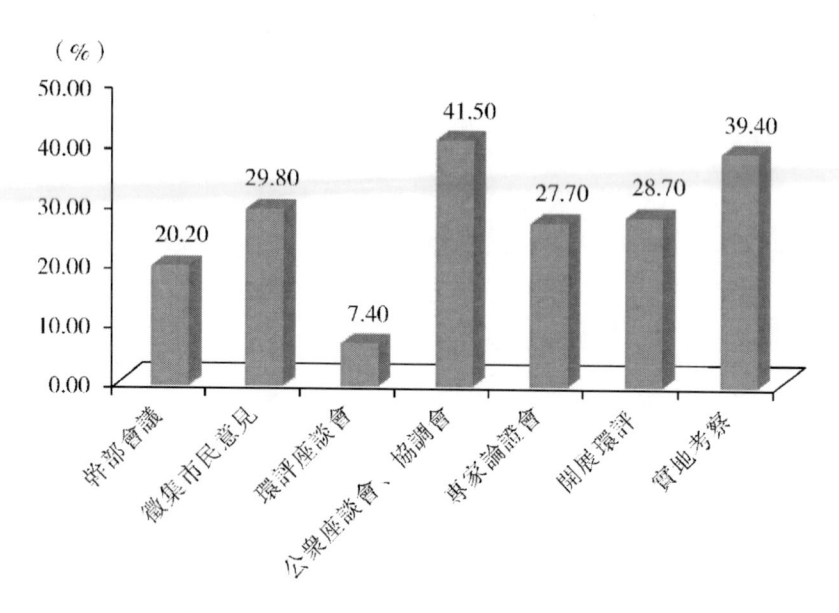

圖 4.1　2003—2014 年影響較大的中國環境
群體性事件政府積極干預方式分布

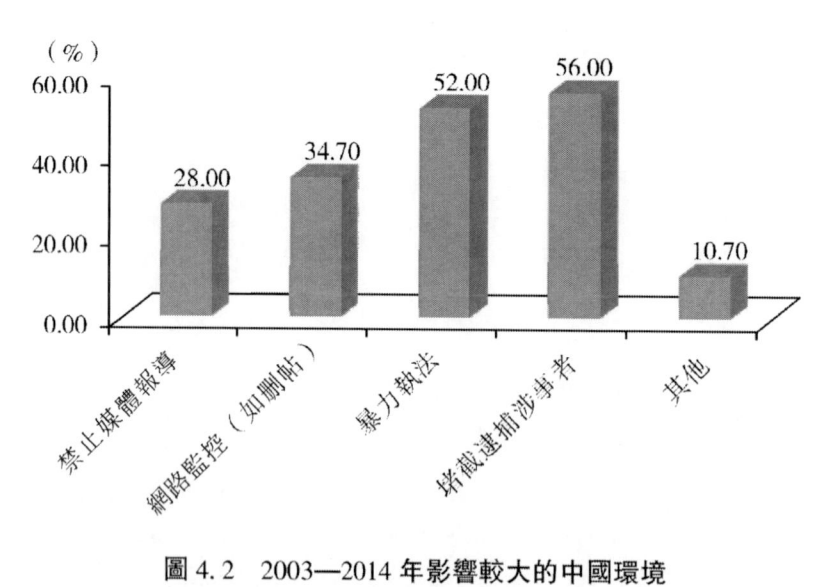

圖 4.2　2003—2014 年影響較大的中國環境
群體性事件政府消極干預方式分布

的命運共同體（幫襯）、第三層的道義共同體（主持公道）、最外層的情緒共同體。①這些不同的共同體要麼基於共同的生活經驗、體驗，要麼內部存在相對一致的認同感，但是出於核心議題的關聯度不同，這些共同體在群體抗爭中表現出各異的心態和行為。在筆者看來，參與者可以劃分為兩大類，一類是利益相關體，即第一層的直接利益攸關者和第二層的命運共同體都統屬於利益相關體，因為命運共同體包含於利益相關體中，都是基於利益相關的人際關係而形成的圈層。第二類是情緒共同體，那麼第三層的道義共同體歸屬於最外層的情緒共同體，道義共同體雖沒有具體的利益關聯，但抗爭者出於憤慨、同情等情緒主持公道，維護正義，本身就表現出來強烈的情緒。

4.1.2.1 核心成員——利益相關體

在環境群體性事件中，利益相關體與環境爭議存在最直接的利益關係，在抗爭中表現最積極，這是由於這部分群體通常與產生污染的工廠或有危險的公共設施項目距離最近，他們的生存環境、生活質量以及身體健康直接受到極大的干擾和影響。一旦發生事故，污染或危險不會只影響到某一個人，而是帶給鄰近地帶的所有個體無差別的損害，對於這部分群體，危害不會因為其性別、年齡、職業、財富狀況的差異而呈現不同。在有些情況下，這些產生損害或具有風險的設施影響範圍較小，可能只有幾個村、幾個社區受到影響。但對於大型項目，其污染或風險具有廣泛性和擴散性，因此環境爭議覆蓋的範圍就會擴大，受爭議的個體數量也會大大增加。例如，雲南 PX 項目影響的範圍是整個昆明市區；湖南岳陽平江的火力發電項目影響

---

① 單光鼐，蔣兆勇. 縣級群體性事件的特點及矛盾對立 [EB/OL]. (2010-01-20) [2017-07-30]. http://www.21ccom.net/articles/zgyj/ggzhc/article_201001202212.html.

整個縣，涉及幾十萬人口；廣東汕頭海門發電廠涉及十幾萬當地居民；等等。

無論是規模較小的利益共同體，還是規模較大的利益共同體，在面對環境問題時，出於「命運」和遭遇的一致性，都表現出強大的「共意性」特徵，加之這部分群體具有天然的血緣、地緣、業緣的關係。在農村的「熟人社會」中，這些關係能夠給農民帶來心理上的歸屬感和道德上的約束力。心理上的歸屬感可以使村民主動關心自己的生存環境，積極介入環境抗爭行動；道德上的約束力則會使每一個想長期生活在村中的村民不會背叛集體抗爭行動，甚至還能夠解決集體行動「搭便車」的困擾。雖然在農村，互聯網等資源的利用率不如城市那麼高，但「熟人社會」中人們可以面對面地暢通交流。城市是以社區為單位的，雖然城市社區不如農村社會的歸屬感強，但互聯網的普及、社區的組織為抗爭者之間的聯繫交流提供了便利。

4.1.2.2　旁觀者——情緒共同體

除利益相關體外，情緒共同體也在抗爭中發揮著重要作用。這個群體雖然與環境紛爭沒有直接利益和衝突關係，完全出於情感的邏輯，或者因為道義給予支持和幫助，或者出現情緒感染，如同情、不滿、憤怒，或者是完全出於看熱鬧、幸災樂禍的心態加入抗爭中。無論是出於什麼目的，這部分群體都受到情緒的支配，與利益相關體共同推動事件的發展。這在互聯網上表現得比較明顯。輿論的關注與爭議的最終解決有密切的關係。一方面，在環境群體抗爭爆發後，情緒共同體的出現使得關注該事件的人數陡增，有利於抗爭贏得更廣泛的關注和聲援，「眾人拾柴火焰高」，人們通過輿論向地方政府施加強大的壓力，為利益共同體爭取到抗爭資源，不僅為事件發展推波助瀾，更為問題的解決起到非常關鍵的作用。例如，在南京梧桐樹引發的風波中，除了南京本地市民積極行動保衛梧桐樹外，其他地

方的公眾也高度關注此事，尤其在新浪微博上發起的「拯救南京梧桐樹，築起綠色長城」活動得到全國各地網民的回應，人們紛紛發帖聲援南京市民，意見領袖也積極參與此事，進一步擴大事件的影響，給當地政府形成巨大的輿論壓力，最後促使政府部門妥善解決好南京梧桐樹問題，同時也滿足了網友的參與感和道德感。另一方面，情緒共同體中也有一部分人唯恐天下不亂，出於煽動作亂的目的，發布和傳播一系列不實消息和謠言，造成利益共同體的恐慌和不安，嚴重破壞社會秩序。例如，在廣東茂名反對PX項目事件中，微博、微信傳播聳人聽聞的「坦克進城」「市民流血橫臥街頭」的謠言和虛假圖片，成為輿論惡性發展的助推器。

4.1.3　環境污染的實施者——企業

在環境領域中，除去政府建設的公共設施，與環境爭議最相關的就是企業，一些企業往往是污染的源頭。因此，在環境抗爭中，企業往往成為抗爭的焦點。

4.1.3.1　企業與污染標籤

在中國，企業是市場經濟的主體力量，是許多污染的源頭，理應成為環保的先發力量。筆者通過梳理文獻發現，很多企業環保設施不足，企業家環保意識較差、社會責任意識不強，在企業建設、生產以及運行過程中不重視環境保護。[1] 造成這樣的局面，從一定意義上來說，政府難辭其咎。一位政府官員曾在北京召開的一次會議上稱：「政府在管理企業中，對於企業承擔社會責任這一方面不夠注重，一些地方政府出於財政稅收的考慮，對企業的違規操作『睜只眼，閉只眼』，最後社會責任不是

---

[1] 中國企業管理研究會，中國社會科學院管理科學研究中心. 中國企業社會責任報告 [M]. 北京：中國財政經濟出版社，2006.

必須行為，而是出於自願。」① 企業家環保自覺性低，企業缺乏有效的環境保護預防和評估機制，環境污染損失成本低，刑事懲治手段往往被束之高閣，排污成本居高不下，加之政府背後的利益糾葛和縱容，使得企業的環境保護成為空中樓閣，污染事件頻頻發生，由此引發的爭議不斷。在這些抗爭和糾紛中，涉及的企業類型也不盡相同。根據筆者收集的 150 起環境群體抗爭案例的統計結果顯示，涉及國有企業的環境抗爭案例占比 41%，涉及民營企業的環境抗爭案例占比 52%，涉及外資企業的環境抗爭案例占比最少，為 7%（見圖 4.3）。以下分別討論這 3 種企業類型在環境抗爭中的表現與行為。

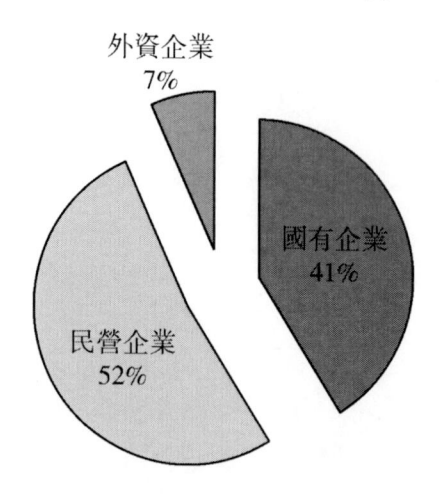

圖 4.3　2003—2014 年影響較大的
中國環境群體性事件涉事企業分佈

　　關於國有企業，有四成多的環境抗爭與之相關，起因多與污染項目、違規操作有關。國有企業本應該做好表率，在追求經濟效益的同時履行環境保護的責任，但是在實際中，國有企業往往是污染的大戶。2014 年 12 月，一家 NGO 公眾環境研究

---

① 龐皎明. 公司責任：陷阱還是餡餅？[N]. 中國經濟時報，2006-02-22.

中心發布報告稱：在200多家上市企業中，出現了諸多大型國有企業的身影。調查發現，中化集團、中國鋁業等大型國企及其在地方的子公司，在調查的3個月內，都存在超標排放、環境違規的情況。五大行業（電力、水泥、有色金屬冶煉、鋼鐵以及化工）的企業污染行為最嚴重。這些行業基本都是由中央和地方政府控股的國有企業。此外，類似《南京五大環境違法案件通報，知名國企環境污染七宗罪》《國營山西鍛造廠等國企環境違法掛紅牌》《環保部首次公布排污黑名單，部分國企成違法釘子戶》的新聞可常常見諸報端。一些國有企業之所以這樣，除了企業共通的原因外，有其特殊緣由：一是一些國有企業尤其是大型國有企業的行政級別比地方政府的級別還要高，個別企業無視當地的環保要求。例如，2012年環保部曾對中石化下屬企業進行督查，該下屬企業竟以「國計民生」為借口瘋狂排污，這引得廣東省環保廳官員拍案而起，怒斥「中石化要挾地方政府」。二是國有企業往往是地方政府的納稅大戶，有的大型國有企業還在地方承擔起部分公共基礎設施建設等職能，加之「政企不分」問題解決不徹底，實際上大型強勢國有企業在地方上扮演著部分政府角色，地方政府被各種利益挾持，環保執行存在一定程度上的「落空」。[1]

關於民營企業，有超過一半的民營企業涉及環境抗爭。民營企業在改革開放40年來，為中國的經濟發展做出了巨大的貢獻，但也成為環境污染的主體，尤其是中小型民營企業，其掠奪式開發、粗放式經營給環境造成嚴重污染。2013年，廣西的統計數據顯示，在各個類型的企業污染物排放總量中，中小企

---

[1] 李松林.企業環保違法屢罰不改如何破局，企業環保違法屢罰不改如何破局［EB/OL］.（2015-04-02）［2017-07-30］. http://news.xinhuanet.com/fortune/2015-04/02/c_127649053.html.

業占比居多。這些污染物給當地居民的身體健康帶來極大的損害。關於民營企業環境污染的原因，有幾種比較有代表性的說法：一是中小型民營企業為當地政府貢獻不少稅收，一些地方政府在以經濟發展為先的理念下，面對企業的違法行為，往往熟視無睹。二是中小型民營企業為了節省成本，不會主動完善和更新環保技術、環保設施，即使具有環保設施，在生產的過程中也不會使用，致使污染物沒有經過任何處理就排出。三是基層環保力量缺乏，執法力量有限。例如，在河北省的某些地區，一般情況下，鄉鎮的環保執法人員只有幾個人，而環保執法人員面對的監督對象——企業數量眾多，有的地方企業可多達上百家。環保人員人手緊缺，無法對企業的違規行為進行有效監督。有的企業想出各種「花招」，與執法人員博弈，為逃避監督，白天正常生產，晚上違規排放。

關於外資企業，只有7%的環境群體抗爭與之有聯繫。對於外資企業與環境污染，社會各界有兩種假說：一種是消極的「污染天堂」說，該說法認為外資企業出於降低污染成本的目的，大量將污染類產業轉移到中國，加劇環境污染。與之對應的是積極的「污染光環」說，即認為外資企業的管理經驗和環保技術能改善中國環境，推動中國的環保發展。[1] 無論持哪種觀點，外資企業在中國造成一定的污染已經是事實。

4.1.3.2　企業與抗爭者、政府

在由企業污染引發的一系列環境糾紛與抗爭行為中，企業、抗爭者、政府三方是抗爭核心行為主體。如圖 4.4 所示，處在核心位置的是各級政府，它們既是企業的監管者，又是受損民

---

[1] WANG D T, CHEN W Y. Foreign Direct Investment, Institutional Development, and Environmental Externalities: Evidence from China [J]. Journal of Environmental Management, 2014, 135 (4): 81-90.

眾的保護者；其次是企業，它們是污染排放的實施者；最後是受損公眾，即抗爭者。

地方政府既執行國家制定的有關環保的方針政策，也自行制定地方環保規章制度，但是在市場經濟體制下，環保法律法規的執行存在走樣，一些地方政府對企業的違法排污行為視而不見，甚至一味地袒護和包容。當民眾申訴企業污染行為後，一些地方政府採取安撫、拖延的方式，甚至不理不睬，對企業的環保檢查「走過場」，對企業的懲罰也是「蜻蜓點水」，力度薄弱。在矛盾徹底激化後，特別是發生群體性事件後，一些地方政府一方面進行打壓，另一方面主動與受損公眾進行溝通，撫平情緒。這時，一些政府才會對企業真正追究責任，或者令其停產整頓，或者令其停止生產，或者直接取締，問題嚴重時甚至逮捕企業負責人。

個別企業對於政府環保規章制度熟視無睹，不會主動採取相關環保行為。當政府進行執法行動時，一些企業便會暫停污染行為，敷衍了事，妄圖蒙混過關，一旦執法行動結束，又立即恢復污染行為。對於受損民眾的訴求，一些企業要麼不理不睬，要麼狡辯、拖延。在政府的干預下，污染企業會有所收斂，但等風聲一過，恢復原樣，甚至更加放肆。甚至民眾徹底爆發激烈抗議行為時，極個別企業還會強烈反擊。

受損民眾在遭到長期嚴重污染侵害後，最先是採取體制內的方法，比如去找涉事企業反應問題，要求賠償，或者找當地政府甚至上級政府申訴。在反覆的協商、申訴和呼籲無果，糾紛無法得到解決的情況下，公眾會採取逾越界限的方式進行抗議，如圍堵公路及工廠、砸毀企業設施，甚至發生鬥毆行為。這一舉動會引起政府的重視，但越界抗議群眾的違法行為也會受到嚴懲。

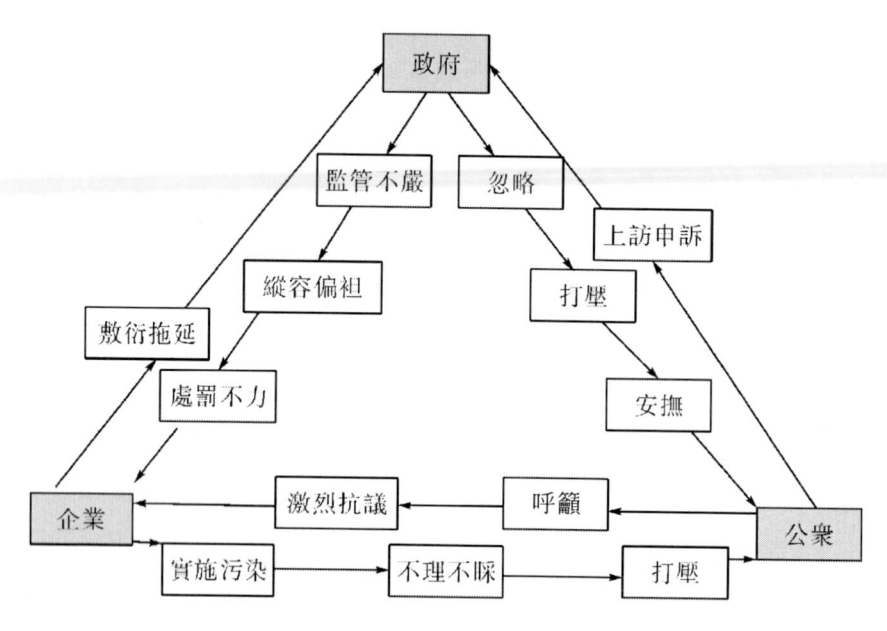

圖 4.4　2003—2014 年影響較大的中國環境群體性事件核心行為主體關係分布

4.2　其他重要參與主體

如果說公眾、企業、政府是環境抗爭的三大主角，那麼大眾媒介、精英人士（意見領袖和專家）、NGO 在推動環境抗爭的發展上起到關鍵性的作用。

4.2.1　媒體

社會運動與媒體淵源深厚。蒂利曾談道：「社會運動剛剛興起時，印刷媒體如報紙、雜誌等就在運動中扮演著重要角色，其主要作用是傳播消息，包括報導運動的經過、結果並且對這

些行動給予評論。」① 可以看出，社會運動從一開始起，就與媒體結下了「不解之緣」，媒體作為一個非常關鍵的角色參與其中。進入 21 世紀，以論壇、博客、微博、微信為代表的新媒體迅速發展，打破了自上而下單向傳播的壟斷格局，草根階層獲得了一定的話語權。② 約翰·漢尼根這樣評價：「要想環境問題得到很好的擴散、解決，問題必須受到媒體的關注。」③ 在環境抗爭中，新媒體日益成為抗爭主體表達抗爭訴求的平臺，這將在後面進行詳細的分析。那傳統媒體在環境群體抗爭中的表現如何呢？媒體對社會運動的嵌入和影響又體現在哪些方面呢？

4.2.1.1 抗爭中的穩定劑

在環境抗爭中，無論是在農村發生聚眾鬥毆、圍堵行為，還是在城市發生遊行、示威行為，都會給社會秩序的正常運行帶來嚴重的挑戰。政府在面對緊張的對峙關係時，以「普通大眾」為核心形成的民間輿論和以「政府機構及傳統媒體」為中心形成的官方輿論之間差異甚巨，出現了「雙重話語空間」，如何消除公眾的不滿，迅速平復輿論，恢復秩序，這需要傳統媒體來發揮作用，傳統媒體為公民和政府搭建起信息溝通的橋樑，成為抗爭中的穩定劑。

深度報導提供多元視角，引導輿論健康發展。在環境群體性事件中，新媒體常常在新聞源方面搶先，但傳統媒體在深度報導、觀點視角、權威真實等方面佔有絕對的主導權，不僅僅停留在爆料層面上，而是為公眾提供多元的報導視角，為公眾建立公共討論空間，引導輿論朝著健康的方向發展。

---

① 查爾斯·蒂利. 社會運動 1768—2004 [M]. 胡位均, 譯. 上海：上海世紀出版集團, 2009：116-117.
② 周瑞金. 新意見階層在網上崛起 [J]. 炎黃春秋, 2009 (3)：52-57.
③ 約翰·漢尼根. 環境社會學 [M]. 2 版. 洪大用, 等, 譯. 北京：中國人民大學出版社, 2009：83.

例如，在廣州番禺反對垃圾焚燒事件中，當地媒體的報導主要分為兩大陣營：以廣州市和番禺區各級政府機構、官員以及「主燒派」專家為代表的「主燒派」和以涉事市民為代表的「反燒派」，此時媒體不僅充當了政府決策的信息情報系統，也收集民意，有效地傳遞社會各利益主體的聲音。《番禺日報》扮演的是政府喉舌的角色，《南方都市報》扮演的是公眾利益代表的角色，《廣州日報》介於公眾與政府之間，它們分別從不同角度收集信息，報導事實，陳述觀點，討論雖然激烈但不失理性，為大眾與政府之間搭建了有效的溝通平臺。

4.2.1.2　本地失語與異地監督

第一，本地失語。

媒體對輿論進行監督，在一定程度上影響著環境問題是否得到社會關注，是否引起政府關注，最後是否得到很好的處理。媒體的監督效果有時不盡如人意，在環境領域的監督作用並不十分突出。按常理來說，本地媒體應該擔負起當地新聞消息的報導、傳播，但遇到「不光彩」的事件時，當地媒體往往集體沉默，失去了輿論監督的作用。這是由於這些媒體受制於當地政府，這些媒體與政府有著千絲萬縷的關係，因此在開展輿論監督的過程中困難重重。

由於環保問題的特殊性、敏感性，在環境領域，一旦發生群體性事件，當地政府肯定會受到質疑，如果這個時候，媒體報導該事件，甚至將輿論的矛頭指向政府，必然會受到政府的「懲罰」。因此，一些地方政府在面對民眾的環境抗爭時，視其為「洪水猛獸」，通常會壓制或隱瞞信息的傳播，嚴防走漏消息，以免影響本地的經濟發展、官方的政績以及形象聲譽。因此「失語」現象在地方上並不少見。在政府的強力控制下，環境群體抗爭始終不能進入當地媒體視野。此時，外地媒體「乘虛而入」，扮演了異地監督的角色。

第二，異地監督。

當地媒體被一些地方政府禁止報導有關環境群體抗爭的消息，只能報導和宣傳有利於當地政府的言論。而外地媒體由於與當地政府沒有直接的利益關係，往往可以不受到當地政府的制約。在環境群體性事件爆發後，異地媒體紛紛前來進行實地考察、採訪，有關環境抗爭的消息被外地媒體視為「猛料」而趨之若鶩。① 此時，外地媒體在法律法規允許的框架下，在新聞紀律允許的條件下，會從各個方面、各個角度公開地討論和報導，為全國公眾提供有關環境群體抗爭的更深入的信息，一度占領輿論的制高點。

例如，廈門反對 PX 項目事件可以稱得上是媒體異地監督的典範。在當地專家聯名提交「關於廈門海滄 PX 項目遷址建議的提案」時，這個消息得到了《中國經營報》《南方都市報》《中國青年報》等多家外地媒體的報導，然而廈門當地的媒體卻只字不提。在廈門市民集體「散步」行為發生時，廈門本地媒體《廈門晚報》依舊充當當地政府的喉舌，從政府的角度報導，把抗爭行為定性為「非法參與」。而異地媒體，如《中國經營報》《南方週末》等的報導內容卻與《廈門晚報》的報導內容截然不同，外地媒體將報導的重點定位在抗議者的層面，將公民的抗爭行為重新界定為「公民的有效參與」，而不是「非法參與」。這些在全國具有影響力的媒體對該事件進行重塑，使得輿論發生巨大逆轉，為環境抗爭取得最後的勝利起到了關鍵性的作用。②

---

① 覃哲，轉型時期中國環境運動中的媒體角色研究 [D]. 上海：復旦大學，2012.
② 覃哲，轉型時期中國環境運動中的媒體角色研究 [D]. 上海：復旦大學，2012.

4.2.1.3 傳統媒體與新媒體形成良性互動

在新媒體蓬勃發展的背景下，傳統媒體依然在環境抗爭中扮演了重要的角色。特別是在環境抗爭發展的後期，新舊媒體各司其職，通過競爭和合作，共同將輿論推向高潮，進一步擴大了政治機會結構。在環境群體抗爭中，新媒體往往搶占輿論先機，後來傳統媒體加入，新舊媒體之間開始出現相互引用對方消息的情況，傳統媒體會時常利用新媒體傳播的一些信息，作為報導的消息源。傳統媒體的權威性和深度報導會引起公眾的關注，被各大新媒體轉載。新媒體和傳統媒體通過協同合作共同完成新聞生產，形成了一個「拓展了的媒介生態體系」[1]，共同推動輿論的發展和生成政治機會結構。

4.2.2 精英人士

精英人士對於問題的見解往往比普通網民更為深刻，時常扮演著「引領者」與「啓蒙者」的身分，尤其是在對事件「合法性」意義的闡發和事件的動員中扮演著非常重要的角色。[2] 在筆者收集的150起環境群體抗爭案例中，據可查證的消息，有29%的案例中有精英人士參與（見圖4.5）。在這些精英人士中，有內部精英人士和外部精英人士之分。

4.2.2.1 內部精英人士——領導者

在抗爭的核心成員中，會湧現一部分優異分子，他們憑藉其過人的見識、較強的社會正義感往往成為抗爭中的領導者，號召、動員、組織大家進行抗爭，對推動抗爭的發生和發展、促進問題的解決起到關鍵性的作用。他們既是在為公眾說話，

---

[1] 邱林川. 手機公民社會：全球視野下的菲律賓、韓國比較分析 [M] // 邱林川, 陳韜文. 新媒體事件研究. 北京：中國人民大學出版社, 2009：291-310.

[2] 付亮. 網絡維權運動中的動員 [D]. 合肥：安徽大學, 2010.

是否有精英人士參與

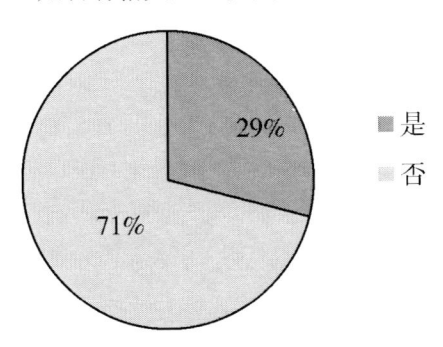

29% 是
71% 否

圖 4.5　2003—2014 年影響較大的中國
環境群體性事件抗爭精英人士參與分佈

也是在為自己說話，成為抗爭中名副其實的領導人。

在農村，領頭者可能是退伍軍人、村委會工作人員或經濟實力比較強的人。他們通常比普通村民見過更多的世面，對局勢有著更深刻的認知。在城市的環保抗爭中，學識較為豐富、社會地位比較高的人士容易脫穎而出，成為抗爭的引領者。例如，在廈門反對 PX 項目事件中，廈門大學教授趙玉芬等 105 名全國政協委員在「兩會」上提交「一號提案」，這一舉措不僅增強了環境抗爭的權威性，也對廈門市政府形成了強大的輿論壓力。除此之外，在廈門反對 PX 項目事件中，當地知名媒體人連岳的表現最為活躍，他在博客上刊登環評報告，揭露 PX 項目的危害，發表《廈門人民怎麼辦》等文章，鼓勵廈門人民乃至全國人民捍衛公民應有的合法權利。

4.2.2.2　外部精英人士——輿論擴散和引導者

在環境集體行動中，還有一部分精英人士雖然與該事件無直接利益關係，但是出於道義或情緒感染，也參與到抗議中，他們可能是公共知識分子、媒體記者，也可能是明星等。在新媒體時代，外部精英人士在各種傳媒平臺上直接提供信息或轉發事件，從而為公

眾揭示事件性質，引導輿論方向。外部精英人士依仗著龐大的粉絲群，一次又一次引起輿論風暴，為擴大事件的影響力及問題的解決起到重要作用。

4.2.2.3　專家——缺乏科學、公正、客觀

在環境抗爭中，環保議題包括環保的相關專業知識、環境方針政策的制定、大型項目建設決策，這些都離不開專家的研究、討論和參與。在筆者收集的 150 起環境抗爭案例中，有專家參與的案例占比為 34%（見圖 4.6）。

專家本來應該憑藉專業知識背景、技術專長等優勢為環境決策提供支持、諮詢與論證。然而在現實情況中，一些專家與一些地方政府行政部門關係緊密，在有些情況下，甚至成為政府的代言人。一旦需要進行環境項目論證，一些地方政府會選擇「熟悉」的專家參與評估論證，而一些專家會「心照不宣」地為一些地方政府說好話，導致專家中立的角色喪失。有的專家如果為普通公眾說話，其受到的阻力和壓力非常大，會面臨「被談話」甚至被處罰的可能。因此，雖然統計結果顯示，有專家參與的環境抗爭案例比例不低，即有 1/3 的案例有專家參與，但專家實際發揮的作用有限。[①] 此外，即使專家做出科學、中立、公正的判斷，但是政府如果不站在公眾的角度，完全不考慮公眾的利益需求，將專家的話語當作回應公眾的重要手段，最終會導致公眾對專家、政府的不信任。在環境群體抗爭中，民間往往都盛傳專家被政府「買通」等話語。[②]

[①] 吳滿昌. 公眾參與環境影響評價機制研究——對典型環境群體性事件的反思 [J]. 昆明理工大學學報（社會科學版），2013（4）：18-29.

[②] 覃哲. 轉型時期中國環境運動中的媒體角色研究 [D]. 上海：復旦大學，2012.

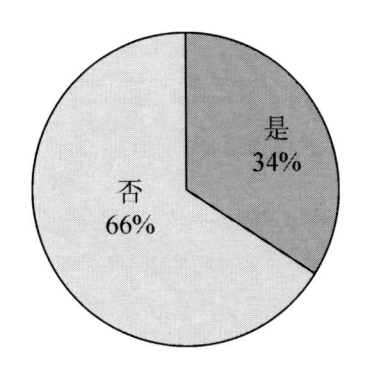

图 4.6　2003—2014 年影响较大的
中国环境群体性事件专家参与分布

4.2.3　NGO

在西方环境运动中，环境 NGO 一直作为政府和公众沟通的桥梁，不仅在环境保护中发挥重要作用，还在民间发起的抗争中扮演著至关重要的角色。一方面，环境 NGO 能很好地代表公众，向政府反应公众的诉求，当环境抗争发生时，能有效地组织公众进行合理合法的抗争。另一方面，环境 NGO 作为一个相对独立的行动体，可以向政府直接建言献策，甚至就环境问题进行游说。

然而在中国，由于特殊的国有和社会环境，环境 NGO 先天发展不足，并且发展时间较短，自身发生不够成熟，在经济和地位上对政府有高度的依赖性。因此，在环境事务的开展上，环境 NGO 谨言慎行，几乎不敢越界，避免与政府形成直接对立。NGO 开展的活动诉求一般比较温和，都是发起一些植树造林、爱护野生动物以及宣传环保法律法规等价值观驱动型的活动。对于自下而上发起的环境群体抗争行动，由于担心被处罚，大多数的环境 NGO 都会保持沉默。笔者收集的 150 起环境群体抗争案例显示，有环境 NGO 参与的案例仅占比 13%（见图

4.7），可見環境 NGO 的參與度比較低。一方面，環境 NGO 自身「軟弱」的特點造成其在群體抗爭事件中頻頻缺位。另一方面，在大部分公眾的眼中，環境 NGO 是政府的「代言人」，公眾對其缺乏足夠的信任，很難將自己的環境訴求托付給環境 NGO，由其進行談判。有時即使受損公眾向環保 NGO 尋求幫助，大多數情況下也會被環境 NGO 被拒絕。

在為數不多的有環境 NGO 參與的環境抗爭中，環境 NGO 的表現為我們帶來了一絲曙光。例如，在安徽省蚌埠市仇崗村村民反對化工廠污染事件中，在村民與污染企業進行鬥爭的過程中，安徽省環境 NGO 組織「綠滿江淮」積極介入，其一邊進行實地考察，組織當地小學生寫關於污染的作文，然後代表村民將關於抗議污染的作文轉交給環保局；一邊協助村民收集污染證據，聯繫媒體，擴大聲勢。在「綠滿江淮」的幫助與支持下，環保抗爭的領頭人張某某先後多次到北京參加環保論壇，接觸和結識了不少高官、學者、媒體人，後來村民利用這些資源進行有效維權，也作為與當地政府部門溝通時的參考資料。「綠滿江淮」給予村民一系列的支持和幫助對村民維權行動的成功起到了關鍵性的作用。

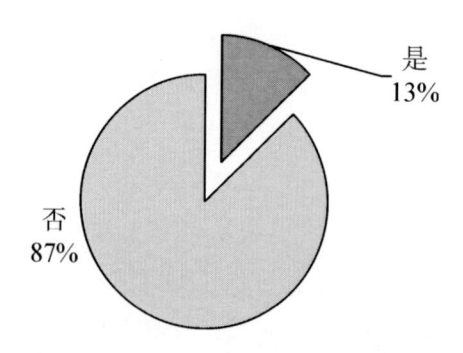

圖 4.7　2003—2014 年影響較大的中國環境群體性事件 NGO 參與分佈

5 新媒體在環境群體抗爭中的表現與作用機制

互聯網的誕生令世界成為「地球村」，隨著科技革新與經濟的發展，互聯網在中國呈高速發展之勢。截至 2018 年 6 月 30 日，中國互聯網的普及率已經達到 57.7%，網民規模達到 8.02 億；手機網民規模達到 7.88 億，網民中使用手機上網人群的占比達 98.3%。[1] 互聯網在中國的普及也給新媒體帶來前所未有的發展機遇。麥克盧漢說：「媒介即訊息。」媒介的變遷影響著人類的思維方式和社會的運轉模式，新媒介的出現往往深刻影響著信息傳播和社會活動的組織形式，因而受到人們的廣泛關注。[2] 隨著科學的發展和技術的進步與成熟，新興的媒體平臺不斷湧現，從最初的電子郵件、BBS、博客以及 QQ、MSN 等即時通信工具、手機短信到現在的微博、微信，我們面臨著一種空前多樣的信息環境和傳播格局。

在新技術的推動下，信息的傳播結構和規則被改寫，出現

---

[1] 中國互聯網信息中心發布第 42 次《中國互聯網絡發展狀況統計報告》(2018 年 8 月發布)。

[2] 熊文蕙. 網絡與傳統媒體的競爭——新世紀媒體的發展現狀研究 [J]. 湖北成人教育學院學報，2001 (6)：23-26.

傳播更加平等、均勻以及大眾化的特徵，傳播方式正從集中化、等級化朝著分散化、平行化發展。信息之間的交流與互動更加靈活和自由，傳播者和接收者的身分隨時轉化，接收者可以主動地全程參與信息的採集、編輯、加工、發布、反饋的整個傳播鏈條，並且不受時間、地點的限制。這在一定程度上突破了政府對傳播渠道的絕對影響，更為重要的是打破了傳統媒體的技術、專業、話語壁壘。具體而言，新媒體傳播有以下突出特點：

第一，開放性。新媒體賦予參與者平等、開放的權利。信息依託互聯網、移動通信，不受時空、地域的限制，可以在瞬間傳播到世界各個角落。在各種對新媒體闡述的話語當中，筆者認為吳徵對「開放性」的界定最清晰。他指出，相對於舊媒體，新媒體具有消解力量——消解傳統媒體（報紙、廣播、電視、通信）之間的邊界，消解國與國、社群間、產業間的邊界，消解信息發送者與接收者之間的邊界，等等。

第二，即時性。新媒體實現了信息「零時間」「零距離」的即時傳播，特別是移動設備的出現，超越了地域、時間、電腦終端設備等現實，隨時隨地可以接收和發送消息。特別是在公共事件的傳播中，新媒體具有「第一時間」「第一現場」的標籤。

第三，交互性。在信息傳播的結構中，每個傳播節點都可以是信息的發布者、傳播者、接收者。信息傳播已經突破了傳統媒體時代的單向傳播模式，可以同時進行反饋和逆向傳播，受眾享受了前所未有的參與度，本身成為媒體的一部分，並且信息由推送的單向流過程不斷地變成雙向交互式過程。筆者很贊同尼葛洛龐帝在《數字化生存》（*Being Digital*）一書中論述的「以前的『大眾』媒介正演變為個人化的雙向交流，信息不再被『推給』消費者，相反人們將所需的信息『拉出來』，並

參與到創造信息的活動中」①的看法。

第四,多元化。在傳統媒體時代,政府和傳統的報紙、電視把控了傳播渠道,決定了傳播的內容。但是新媒體的出現打破這一局面,使得人人都可以成為傳播主體,消息的來源、種類、內容都趨於豐富和多元化。

5.1 新媒體在不同時期環境群體抗爭中的表現(2003—2014 年)

近年來,新媒體從最初的論壇、即時通信工具、博客到現在的微博、微信,不斷推陳出新,幾乎每一次新媒體的革新都會被迅速運用到環境群體抗爭中。由於中國特殊的國情,新媒體在中國的地位尤其特殊,不僅僅發揮著媒介的作用,而且被賦予更多的角色和功能。新媒體使得越來越多的議題進入公共視野,只要參與者具備簡單的上網技巧,每個人都可以參與到公共事務中,這為新媒體在環境群體抗爭中發揮作用創造了基本條件。② 2003 年可以說是媒體一個重要的分水嶺。在此之後,新媒體成員日益擴大,信息流動異常活躍,網絡輿論從邊緣被推向主流,構成了全民公共表達空間。③ 中國的環境抗爭也隨著新媒體的發展呈現出四個發展階段:2003—2005 年,電子郵件、網站等興起,在環境群體抗爭中初露鋒芒;2006—2009 年,BBS、QQ、博客開始成為流行的公共媒體平臺,在抗爭動員過

---

① 尼葛洛龐帝.數字化生存[M].胡泳,範海燕,譯.海口:海南出版社,1997.

② 哈貝馬斯.公共領域的結構轉型[M].曹衛東,劉北城,譯.上海:學林出版社,1999:187-205.

③ 尹明.網絡輿論與社會輿論的互動形式[J].青年記者,2009(1):26.

程中卓有成效；2010—2012 年，微博大放異彩，直接推動抗爭的發生、發展；2013—2014 年，微信「去中心化」傳播直接導致抗爭的爆發。以下將從四個階段分別梳理新媒體在不同時期環境群體抗爭中的表現。

5.1.1　第一階段（2003—2005 年）

這一階段，在環境群體抗爭中，傳統媒體占據了主導地位，搶占了大部分的話語權，以門戶網站、電子郵件為代表的網絡 1.0（Web 1.0）時代的新媒體勢力雖然比較薄弱，但人們初步運用新媒體，新媒體開始發揮重要作用。

門戶網站是誕生較早也是形態最為成熟的新媒體之一，基本採用的是技術創新的主導模式，同時強調內容為主，以巨大的點擊流量為盈利點。各大門戶網站吸收和運用新的技術，主要運行模式是引用和轉載報紙、電視等傳統媒體的報導，並對其進行補充和擴展式的傳播與討論，遇到重大事件常常設置專題，進行全面、綜合、深度的報導，有效提升傳播能力，豐富傳播內容，便於公眾全面瞭解信息。另外各大門戶網站流行設置留言板或討論版，參與者在單向瀏覽網頁的同時可以參與到事件的討論中，發表觀點，交流思想。

另外一種非常重要的信息載體——電子郵件，至今仍十分活躍，在某種程度上已經取代了紙質的信件。電子郵件在出現之初作為一種新的社交形態，創新了網絡的虛擬空間，並且實現了信息源之間點對點接觸連接和信息傳輸，從而促進了不同群組和個體之間的信息交流和發布，具有傳播範圍廣的特點，可以在同一時間向成千上萬的用戶傳遞消息。但是，以電子郵件構建的信息傳播主要表現為雙向交流，因此電子郵件無法呈現社群需要的多方互動，信息傳播還只停留在通信方法的提升和進步上。

除此之外，人們開始使用論壇（BBS）平臺進行交流，這是新媒體技術構建社會生活的一次歷史性飛躍，它提供公共電子白板，每個用戶都可以在各自喜歡的公告欄上「書寫」，可以獲得各種信息服務並可以隨時自由地表達觀點、發洩情感、傳遞信息、討論、聊天。這樣人們在論壇上形成了不同的討論組，每個討論組都有著自己的興趣愛好和相同的關注點，並且這些討論群組不斷演變成長，成了數量眾多、無所不包的交流群體。這些形態各異的新媒體在環境抗爭中開始發揮動員、號召的作用。

這一時期，新興的媒體平臺紛紛出現，由於普及度並不廣泛，傳統媒體仍然在環境群體抗爭中扮演著主要角色，是信息傳播和引導輿論的主要力量。但是留言板、郵件、論壇的逐漸興盛與發展為公眾開闢了討論的空間，間接推動輿論的形成和發展。其中，環境 NGO 對新媒體的推廣作用不可小覷，其積極介入和活躍在各大環境群體抗爭中，成為推動事件發展的重要力量。2003 年，怒江水電開發事件開啓民間環境群體抗爭的先鋒[1]，隨後在北京動物園搬遷、圓明園防滲膜事件等一系列的環境群體抗爭事件中，新媒體開始在主流媒體的絕對控制下嶄露頭角。以下對 Web1.0 時代的新媒體「初登舞臺」——圓明園防滲膜事件進行詳細解讀。

2005 年 3 月 21 日，去北京出差的甘肅學者張正春到北京圓明園參觀，他驚訝地發現園內所有的湖水幾乎都被排干，湖底和河道正在大規模鋪設防滲塑料膜，這將破壞彌足珍貴的圓明園文化遺產，同時也會帶來無法逆轉的生態危害。於是張正春向《北京晚報》《北京晨報》《中國青年報》《南方週末》《經

---

[1] 童志鋒. 互聯網社會媒體與中國民間環境運動的發展 [J]. 社會學評論，2013（4）: 52-62.

濟觀察家》《人民日報》等多家媒體反應情況，希望引起重視。2005年3月28日，《人民日報》和人民網刊發了題為《圓明園湖底正在鋪設防滲膜：保護還是破壞？有專家認為將引發生態災難，後果不堪設想》的報導和張正春撰寫的文章《救救圓明園！》。隨後，多家傳統媒體紛紛跟進轉載，對此事件進行大篇幅報導，圓明園防滲工程事件便一發不可收拾，在全國範圍內引起了巨大的社會反響。

　　如此大範圍的報導及網絡上激烈的議論引起了政府的重視，相關部門開始介入。經調查發現，該工程並未得到審批。於是在2005年4月1日，國家環保總局下令禁止該工程建設，認為防滲工程違反了《中華人民共和國環境影響評價法》，需要停止施工。緊接著兩週之後，國家環保總局舉辦該工程的環境影響聽證會，參與者共73人，包括有關單位代表、相關專家、熱心人士等。2005年5月19日，清華大學的環評機構在環評機構的選擇風波中接手環評工作。2005年7月5日，國家環保總局官方網站做出了較為權威的環評報告，報告認為該工程不僅不合法，而且對圓明園的生態環境有著嚴重的破壞，於是勒令整改。直到2005年9月中旬，整改工程全部完成，北京市環保局驗收合格，事情到此告一段落。

　　在這段時間內，傳統媒體憑藉其權威、公信力占主導權，作為「信息源」的提供者。最開始，事件的披露者張正春在發現問題後，迅速地向有關媒體敘述了自己的觀點和看法，將此事訴諸報端，因此公眾才瞭解該事件的概況，甚至政府部門也是通過傳統媒體才知道該消息。原國家環保總局局長潘岳說：「經過了媒體的透漏，國家才知道這個事情，並且及時採取了應該採取的措施。」可以看出傳統媒體在信源的控制和議題的建設中發揮了重要作用。如果沒有媒體大規模的報導，就不會引發社會的熱議，不會形成強大的輿論壓力，進而不會給政府帶來

解決問題的動力。此外，傳統媒體不遺餘力地報導並且堅持到最後，或者報導事件的進展，或者刊發評論，力求全面呈現事實。對於一系列有爭議的問題，如在關於是否鋪設防滲膜的問題上，媒體不僅報導專家與公眾的否定態度，也讓持不同態度和意見的少數專家與有關部門的聲音得到傾聽，並且讓部分專家與之相異的觀點得到報導。①

總體說來，報紙等傳統媒體占主導地位，第一時間的披露和刊發吸引了公共視線，從而能自下而上地形成了有效的公共輿論，在圓明園防滲膜事件中起到了功不可沒的作用。這一階段，門戶網站、論壇、電子郵件等已經開始得到初步應用。最初張正春是以電子郵件的形式告知《人民日報》，在傳統媒體大量報導後，傳統媒體的內容在新浪、搜狐、網易等門戶網站得到廣泛傳播。新浪網開通了「圓明園湖底防滲工程惹爭議」專題②，人民網開通了「聚焦圓明園防滲工程」專題③，包括網民聲音、傳統媒體報導、專家聲音、民意調查等欄目，公眾可以在這些欄目交流意見和看法，擴大了公眾的參與度和關注度。

值得一提的是，率先報導圓明園湖底防滲項目的《人民日報》記者趙永新在人民網開闢的專欄節目中，撰寫了幾篇關於工程進展和評論的文章，推動了事件的發展。此外，在網絡上以「科學主義」自居，以「反環保」著稱的「荒川」「水博」等人通過新媒體的社交平臺不遺餘力地進行宣傳和動員，而且

---

① 吳麟.論新聞媒體與公共領域的構建——以「圓明園事件」報導為例[J].山東視聽（山東省廣播電視學校學報），2006（1）：15-18.
② 新浪網專題.圓明園湖底防滲工程引爭議[EB/OL].（2005-04-14）[2017-07-30]. http://tech.sina.com.cn/focus/yuanmingyuan/index.shtml.
③ 人民網論壇.聚焦圓明園工程[EB/OL].（2005-07-07）[2017-07-30]. http://env.people.com.cn/GB/8220/45856/index.htmlGB/8220/45856/index.html.

借助於網絡名人言辭的犀利，其發表的有關觀點也得到了不少網友的認同，並一度在輿論方面占據上風。① 環保組織及環保志願者的作用不可忽視。在這起事件中，著名的「自然之友」「地球村」等 NGO 通過其獨立網站及時公布和更新相關信息，使得公眾能夠及時地瞭解事件的動態和進展。楊國斌教授指出：「網站型的環境保護組織在環境問題的解決方面主要發揮如下的功能：提升人們的環境意識、動員公眾以及推動政治變遷。」② 環境 NGO 的公共郵箱定期向公眾發布有關信息，並且聯繫媒體、知識分子、專家、公眾及其他平臺。在「自然之友」等環保民間組織的號召下，國家環保總局如期舉行聽證會。

5.1.2 第二階段（2006—2009 年）

2006 年，隨著通信技術的不斷發展和延伸，網絡 2.0（Web 2.0）時代到來。博客、即時通信工具、虛擬社區進駐互聯網，中國的輿論信息傳播平臺上升到了一個新的臺階。統計表明，2007 年中國各大門戶網站幾乎都開通了 BBS 論壇，使中國的 BBS 論壇數量達到 130 萬個，規模為全球第一。③ 網絡論壇的開通提供了一個十分廣闊的交流空間，上面活躍著網友的各種想法和觀點。另外，新聞後面跟帖功能的設置使得公眾能夠隨手發表自己的看法，這也使得公眾之間有了很好的交流的空間。

即時通信工具帶來了社會交往的革新，其能同時允許兩人

---

① 童志峰. 互聯網、社會媒體與中國民間環境運動的發展（2003—2012）[J]. 社會學評論，2013（4）：52-62.

② YANG GUOBIN, Weaving a Green Web: The Internet and Environmental Activism in China [J]. China Environment, 2003 (6): 89-93.

③ 祝華新，單學剛，胡江春. 2008 年中國互聯網輿情分析報告 [M] //汝信，陸學藝，李培林. 2009 年中國社會形勢分析與預測. 北京：社會科學文獻出版社，2008.

或多人使用互聯網傳遞消息、文件、語音與視頻。根據中國互聯網絡信息中心的調查，2007年第三季度，即時通信活躍帳戶達到3.88億個，成為世界之最。其中，騰訊公司出品的QQ是具有中國特色的即時通信工具，模擬熟人之間的現實生活聊天，由於QQ的私密性較少受到外界的干涉和控制，因此在中國受到普遍的歡迎，成為當時中國年輕人交流溝通的主要工具。

博客在這一時期日漸壯大，開啓了自媒體的時代，是虛擬空間發展的新階段。公眾可以利用博客發表篇幅比較長的觀點，並且與閱讀、轉發、評論該博文的讀者進行思想交流，形成一個相對獨立、互動及自由的言論空間，把最初使用新媒體作為簡單的話語宣洩場所的公眾變為理性話語傳播者，形成一種強大的興論力量。特別是一些博主由於其深邃的洞察力和犀利的語言擁有了大量的粉絲，其言論往往能達到一呼百應的效果。中國互聯網絡信息中心的統計數據顯示，2007年年底，中國網民註冊的博客空間為7,283萬個，博客作者規模達到4,700萬人。

移動通信和互聯網技術的完美結合給日常的手機功能帶來了質的飛越，使之不再只是一部電話，網絡交流的便利性賦予了手機「第五媒體」的重任，開闢了人際傳播的新模式。正如中國人民大學匡文波教授所言：「手機媒體的短信傳播自身就具有信息的流動和控制無仲介，傳受雙方在接受信息時通常是平等參與，時間安排並無計劃，通常由參與者共同決定。」[1] 截至2006年年底，中國已經擁有4.67億的手機用戶。[2] 到2008年以

---

[1] 匡文波.手機媒體概論［M］.北京：中國人民大學出版社，2006：41.
[2] 劉曉雯.無線廣告的金礦有多大［J］.投資北京，2006（11）：44-45.

後，中國手機網民數量有 7,305 萬人之多①，手機媒體在社會生活中的影響力漸露端倪。

新媒體的蓬勃發展給中國環境抗爭帶來了新的面貌，新媒體正在逐漸滲透公眾生活，改變既有的傳播環境與途徑。這一階段，傳統媒體在環境抗爭中的主導地位開始被撼動，新媒體開始大展拳腳，話語權迅速增加，輿論力量正在增強，並能很好地影響傳統媒體的議程設置。新媒體的發展使得大眾迅速崛起，成為環境群體抗爭的傳播主體，環境 NGO 表現得不像以前積極活躍，奉行不參與的政策。在廈門反對 PX 項目事件、上海磁懸浮「散步」事件、北京六里屯垃圾焚燒抗議事件等一系列環境抗爭中可以發現，博客、QQ、短信、論壇等新媒體在環境抗爭事件產生、發展、高潮中扮演了傳播、動員的重要作用，並且同時和傳統媒體保持著良好的互動。其中，以廈門反對 PX 項目事件最為典型，新媒體成為民意大獲全勝的代表。以下對 QQ 群、博客與傳統媒體互動——廈門反對 PX 項目事件進行詳細解讀。

2007 年 3 月，在全國政協會議期間，中科院院士趙玉芬與參會的 105 名代表聯名簽署了「關於廈門海滄 PX 項目遷址建議的議案」，並且呼籲廈門 PX 項目停工搬遷，由此成為廈門反對 PX 項目事件的開端。國家環保總局在聽取了議案後，表示同情和理解，但在「遷址」問題上沒有解決的權力。2007 年 5 月 1 日前，國家發改委的相關領導到廈門實地調研，表示項目不會停建或遷址，並且需要日夜趕工。隨著 PX 項目工程的推進，更多的消息通過媒體披露，引發廈門市民的廣泛關注，並在網絡

---

① 中國互聯網絡信息中心（CNNIC）.第 22 次中國互聯網絡發展狀況調查統計報告［EB/OL］.（2008-07-19）［2017-07-30］. https://www.cnnic.net.cn/hlwfzyj/hlwxzbg/hlwtjbg/201206/t20120612_26713.html.

上進行抗議。

國內各大傳統媒體，如《南方週末》《人民日報》《中國新聞周刊》以及中央電視臺等從各個角度對 PX 項目追蹤報導，國外媒體如《華盛頓郵報》《紐約時報》等知名媒體也高度關注此事。這些報導又作為深度消息源被各大網絡媒體大量轉載。網絡上關於 PX 項目的輿論持續發酵，「反對 PX 項目」的消息通過手機短信、QQ 群、論壇在廈門市民中間反覆傳播，並開始向全國蔓延，引起全國網民的關注和支持。

廈門市政府為應對輿論，2007 年 5 月 28 日通過《廈門晚報》表達 PX 項目的合法性。2007 年 5 月 30 日，廈門市舉行新聞發布會，宣布緩建海滄 PX 項目，但在發布會上並未給出具體的緩建時間，沒有讓公眾消除疑慮。於是，2007 年 6 月 1 日，廈門市發生「散步」活動，公眾手舉橫幅與標語，手帶黃絲巾在廈門市遊行。2007 年 6 月 4 日，在國務院新聞發布會上，國家發改委表示，廈門市已經暫停該項目。2007 年 11 月，國家環保總局對廈門市海滄 PX 項目進行環評的結果出爐，並沒有給出搬遷建議，只是指出化工廠與生活區不協調。2007 年 12 月 8 日，廈門市開通關於海滄 PX 項目環評報告的投票平臺，有 5.5 萬張反對票，僅有 3,000 票表示支持。2007 年 12 月 14 日，廈門市政府召開兩次市民座談會，反對的聲音依然占據主流。2008 年 2 月，廈門市政府正式宣布取消 PX 項目。

在整個過程中，當傳統媒體一度幾近失語，以 QQ 群、社區論壇、博客、手機媒體為代表的新媒體在事件中發揮了其輿論平臺的作用，使得民意的呼聲有了新的公開表達的渠道。值得一提的是，廈門反對 PX 項目事件的處理過程中，新媒體與傳統媒體報導互為補充，民意和輿論相得益彰，對抗爭的進程和走向起到了決定性作用。

早在 2006 年，PX 項目建設地址區域污染就比較嚴重，PX

項目附近的小區「未來海岸」的業主就開始為「酸臭味和污水」奔波。2006年5月，在業主積極分子的網絡動議下，業主們組織了第一次業主QQ群聚會，業主們首次見面，談共同遭遇以及個人對污染治理的初步想法。[①] 一些業主以「未來海岸」業主代表的身分陸續給廈門市政府、國家環保總局、國家發改委等寄去投訴信，同時希望本地媒體和外地媒體能曝光此事。由於沒有得到傳統媒體和地方政府的關注，他們只能轉戰求助互聯網，開始在廈門市的各個論壇上發帖，廈門本地論壇「小魚社區」是業主們最大的陣地。在「議案」曝光後，「未來海岸」業主QQ群以未來海岸全體業主的名義寄信給相關專家，同時加快了該事件在各大論壇傳播的速度。

值得一提的是，手機媒體在廈門反對PX項目事件中扮演了難以置信的角色。在政府未能對項目做出合法性解釋的情況下，「第五媒體」就發揮其優勢。例如，在事件發生之初，手機媒體之間的短信傳播使得關於PX項目的信息在上百萬廈門市民之間傳播開來。由於手機媒體依賴的是人際傳播，短信以幾何數級的速度傳播，快速形成和聚合輿論，成為號召成千上萬廈門市民進行抗議的重要動員手段。

5.1.3 第三階段（2010—2012年）

時至2010年，微博，這個新興媒體一經問世，便呈現出爆炸式的發展態勢，使得網絡輿論的廣度和熱度都往前邁了巨大的一步，因此2010年被稱為微博元年。借助中國互聯網絡信息中心的統計數據，我們可以看出，2011年的微博延續強勁增長的勢頭，用戶數量從2010年年底的6,311萬劇增至2011年6月

[①] 曾繁旭，蔣志高. 廈門市民與PX的PK戰［EB/OL］.（2007-12-08）[2017-07-30]. http://news.sina.com.cn/c/2007-12-28/173414624557.shtml.

底的1.95億，成為用戶增長最快的互聯網應用模式。2012年12月底，微博用戶規模為3.09億，較2011年年底增長了5,873萬，網民中的微博用戶比例達到54.7%。手機微博用戶規模為2.02億，占所有微博用戶的65.6%，接近總體人數的2/3。[1] 隨著移動互聯時代的到來，以微博為代表的新媒體越發成熟，社會不僅進入全媒體時代，也進入「大眾麥克風」時代，人人都有一個麥克風，都有公開發表言論的權利，公眾的話語權達到空前的普及。

這一階段，環境群體抗爭獲得了前所未有的關注。這段時間發生的環境群體抗爭事件引起了輿論的廣泛關注，傳統媒體在這一階段失去了往日的主導地位，在傳播過程中議程設置能力被大大削弱。新媒體以微博為首，聯合QQ群、社區論壇等新媒體在環境抗爭中得到全方位的應用，實現即時信息的發布與獲取，尤其是微博和論壇社區表現異常突出，突破了傳統媒體的重重封鎖，直接推動和決定環境抗爭的發展。以微博「大V」為代表的意見領袖發揮了巨大作用，他們中的一些人是社會各界精英，如社會名人、娛樂明星、知名媒體人、企業總裁，普遍擁有上萬乃至上百萬的粉絲，在網民中具有強大的影響力和號召力，公共事件一旦得到他們的關注和轉發，就會迅速演變成全國矚目的輿論事件。由於微博、社區論壇的使用者大多為年輕人，因此參與環境抗爭的行動者也呈現出年輕化的趨勢。下面以微博打破封鎖，引領輿論——四川什邡反對鉬銅項目事件為例加以分析。

四川什邡為振興經濟，原計劃在什邡打造世界上最大的冶

---

[1] 中國互聯網絡信息中心（CNNIC）. 第31次中國互聯網絡發展狀況統計報告［EB/OL］.（2014 - 03 - 05）［2017 - 07 - 30］. https://www.cnnic.net.cn/hlwfzyj/hlwxzbg/hlwtjbg/201403/t20140305_46239.htm.

煉廠。2012 年 3 月，環保部批覆宏達集團提交的環評報告。當地居民從網站上得知此消息，開始擔憂項目的危害，一篇發表在 QQ 空間的名為《什邡，不久的將來或是全球最大的癌症縣》的日誌被轉載 4,500 多次，這一時期相關消息還沒有大範圍地傳播。2012 年 6 月 29 日，四川宏達鉬銅項目在什邡舉行開工典禮，全國政協、工商聯以及四川省領導出席了開工儀式，工廠建設拉開序幕。當地居民紛紛通過上訪申訴、互聯網發帖等方式表達對該項目的不滿。2012 年 6 月 30 日，十幾名市民到市委樓前上訪，後被勸離。2012 年 7 月 1 日，幾百名市民聚集在宏達廣場和市委門口示威，拉橫幅、喊口號，要求停建該項目。2012 年 7 月 2 日，有市民到市委、市政府門口示威，少數市民因情緒激動強行進入市委大廳，進行打砸，甚至與武警發生衝突。隨後，什邡市政府表示為確保社會穩定，責成企業即日起停止施工，組織聽取廣大市民意見和建議。2012 年 7 月 3 日，宏達集團堅持認為鉬銅冶煉項目屬於國家產業鼓勵類項目，技術水準一流且通過了國家技術評估。2012 年 7 月 4 日，公安機關對衝突中涉嫌違法犯罪人員採取拘留、批評教育等措施，並表示「什邡今後不再建設這個項目」[1]。

在什邡反對鉬銅項目事件發展過程中，新媒體以微博為首，聯合 QQ、人人網、天涯社區、本地論壇、百度貼吧等打造出了多層次、立體化的傳播和動員平臺。較之以往的電視、報紙等傳統媒體，公眾「再也不用完全依賴占主導地位的傳統媒介來構建身分或表達不滿」[2]。新媒體的角色和作用貫穿整個什邡反對鉬銅項目事件的始末。

---

[1] 新華輿情. 四川什邡事件輿情分析 [N/OL]. (2013-10-23) [2017-07-30]. http://news.xinhuanet.com/yuqing/2013-10/23/c_125585811_2.htm

[2] 安德魯·查德威克. 互聯網政治學：國家、公民與新傳播技術 [M]. 任孟山, 譯. 北京：華夏出版社, 2010：117.

2012年7月1日，就在什邡市民聚集在廣場、市政府大樓前要求停建項目之時，新浪微博上就有關於該消息的帖子：「四川省什邡市魚江村要建鉬銅廠，污染遠超地震中的福島核電站，60平方千米內嚴重污染，範圍可覆蓋成都市區。領導貪污受賄，鉬銅廠旁居民一人兩萬元封口費。五年後什邡會成全國最大的癌症縣。求關注什邡鉬銅廠危機，求好人幫助什邡。」① 由於微博的內容涉及「受賄」「封口費」「最大癌症縣」等極具煽動性和敏感性的詞語，加之鉬銅項目屬於地震災區重建的重頭項目，網友對資金流動、貪污腐敗等話題異常關心，在短時間內被大量轉載和評論，瞬間引爆輿論。

2012年7月2日，有人通過新浪微博「現場直播」市民打砸行為以及警民衝突的場面，引來無數人圍觀，全國人民通過微博第一時間知道什邡發生的事情。微博在輿論上先發制人，隨後有關什邡的各種消息、現場圖片甚至是視頻從微博中擴散到其他網絡平臺，如人人網、米聊、天涯論壇、凱迪論壇等，使得虛擬空間出現輿論共振、人聲鼎沸的情況，共同推動事件走向高潮。

此時，微博意見領袖也加入了關注的隊伍，並發揮了不可估量的作用。著名作家韓寒接連發表兩篇微博《已來的主人翁》《什邡的釋放》，分別被粉絲轉發30萬條、18萬條。知名評論人李承鵬親自到什邡調查，並發表了博文《一次路西法效應實驗——什邡小調查》，該博文被廣泛轉載和評論，有高達25萬次轉載量。與李承鵬同赴什邡的名為「宋祖法言」的網友，在微博上直播在什邡的所見所聞，推動輿論持續走高。雖然後來微博屏蔽韓寒和李承鵬的發言，但通過網友截圖、收藏等依然產

---

① 左鵬.基於社交網絡的輿論成長與引導研究——以什邡事件為例［J］.北京科技大學學報（社會科學版），2013（3）：46-50.

生了巨大的影響力。與此同時,其他意見領袖如於建嶸、胡錫進等也紛紛發表微博聲援什邡反對鉬銅項目事件。這些意見領袖在微博上都擁有幾十萬甚至幾百萬的粉絲,具有強大的號召力和動員能力。通過這些意見領袖的轉發和傳播,網絡輿論的範圍不斷擴大,輿情迅速發酵,使得什邡反對鉬銅項目事件從區域性事件擴展到全國關注的公共事件。

初期,以微博為代表的新媒體占據了輿論的制高點,而以往具有較大話語權的傳統媒體卻因各種原因處於失聲狀態,傳統媒體對議程的操控能力空前弱化。2012年7月2日傳統媒體才有相關消息的報導,都是關於消息事實性的陳述,到後期才對事件開展進一步的追蹤和深挖,從各個角度進行深度報導。

5.1.4 第四階段 (2013—2014年)

在中國,2013年又是一個互聯網輿論「大破」之年①,為了整治和淨化互聯網環境,國家出抬了《關於辦理利用信息網絡實施誹謗等刑事案件適用法律若干問題的解釋》,對在微博散布謠言、誹謗他人的言行採取打擊行動,從「薛蠻子事件」到「秦火火」「立二拆四」等網絡推手被捕獲刑,決策層對微博上的失範「大V」進行了有步驟的清理②,這在一定程度上造成新浪微博活躍度下降,一部分微博用戶開始轉向微信。這為微信提供了發展機遇,此時又一個新媒體信息載體和輿論平臺登上了舞臺。

---

① 李未檸. 2014中國網絡輿論生態環境分析報告 [EB/OL]. (2014-12-25) [2017-07-30]. http://news.xinhuanet.com/newmedia/2014-12/25/c_1113781011.htm.

② 李未檸. 2014中國網絡輿論生態環境分析報告 [EB/OL]. (2014-12-25) [2017-07-30]. http://news.xinhuanet.com/newmedia/2014-12/25/c_1113781011.htm.

從中國互聯網絡信息中心的統計數據中可以得知，在 2013 年 1 月底，全國的微信用戶數量已經達到 3 億，一年以後，活躍的用戶較 2013 年增長了 46% 之多，達到 4.38 億。① 從數量上可以清晰地看出，微信已經成為當下中國最重要的新媒體平臺。微信的迅速崛起改變了傳播的生態系統，以往以微博「大 V」為關注中心的廣場效應漸漸式微，取而代之的是更加草根化、平民化、私人化、自主化傳播的「自媒體人」，傳播開始向「去中心化」的方向發展。微信使用的年齡結構較微博更加「全覆蓋」，傳播帶有「一人一票、人人平等」的濃厚色彩，普通的個人在輿論場上扮演了重要角色。這種新的傳播形態也給中國環境抗爭帶來了深刻的變化，新興媒體的出現與應用給中國環境抗爭打開了新的局面。這個階段的中國環境抗爭呈現以下新的特點：

首先，動員能力更強。微信的傳播對象，即好友主要源於手機通信錄、QQ 好友，大部分是現實生活中的熟人，輔以少量的陌生人帳號，有利於提高微信內容的可信度和真實性。微信自誕生之日起就具有「即時化、社交化」的特徵，注重人與人之間的交流與對話。在抗爭動員上，微信好友們可以通過微信將消息迅速、準確地傳遞給各位好友，並能得到及時的反饋，形成人際的「強關係」，提升社會溝通的效率。更為重要的是，由於微信好友大多是現實中的好友或熟人，來自同一個地方或區域的可能性增加，在面對周遭共同的環境問題時，容易激起共鳴，形成一呼百應之勢。

其次，進入全媒體傳播時代，各類新媒體齊頭並進，一旦

---

① 廖豐. 微信用戶數量大增——騰訊盈利 122 億同比增 58% [EB/OL]. (2014-08-15) [2017-07-30]. http://media.people.com.cn/n/2014/0815/c40606-25470311.html.

發生環境群體性事件，各個平臺都會積極介入，包括論壇、貼吧、QQ群、QQ空間、微博、微信等。如果某類新媒體遇到因敏感而刪帖、屏蔽的情況，公眾也會想方設法突破封鎖，甚至利用國外的新媒體，如推特（Twitter）、優兔（Youtube）、臉書（Facebook）等來傳遞信息。

最後，官方輿論與民間輿論形成對立之勢。在環境問題引發危機時，一些地方政府出於維穩目的，一般會盡量封閉消息，禁止媒體報導。這樣造成巨大的信息空白，反而給新媒體的傳播打開了一扇方便之門，各種觀點、言論匯集在各大新媒體平臺，經過反覆多次的碰撞、揚棄、融合，形成相對統一、獨立的輿論。這時，以主流媒體為代表的官方輿論，因為沒有及時介入而失去先機，後來雖然大規模地報導，但遲到的「正能量」遭到民間輿論的反向解讀，主流媒體支持、贊成的，民間輿論就會排斥、反對，形成輿論對峙。下面以微信閃亮登場，「去中心化」傳播——廣東茂名反對PX項目為例進行分析。

廣東茂名被譽為「南方油城」，對PX項目規劃多年。2012年10月，茂名PX項目已獲得國家發改委同意，由茂名市政府及茂名石化公司承建。2014年2月，鑒於之前全國各地接連因建設PX項目而發生群體性事件，茂名市政府也意識到當地PX項目可能會引發抗議，在一次本地媒體及廣東媒體新春座談會後，政府工作人員就與與會的媒體探討諮詢了如何利用輿論導向解決潛在的群體抗議行為。同月，茂名市政府相關領導率隊奔赴江西九江考察，九江的PX項目也曾引發過公眾爭議，但經過政府疏導後沒有出現大規模抗議，因此茂名市政府前去學習經驗。①

---

① 觀察者.廣東茂名回應市民反PX項目示威遊行［EB/OL］.（2014-03-31）［2017-07-30］. http://www.guancha.cn/society/2014_03_31_218175.shtml.

與此同時，為使項目進展順利，茂名市政府也開始積極地開啟了一場密集的宣傳科普工作。2012年2月27日，《茂名日報》刊發文章介紹了PX項目綠色環保、安全管理等優點。① 接著，茂名市政府召開媒體閉門會議，連續發表《PX項目的真相》《揭開PX的神祕面紗》等一系列科普文章，密集的宣傳讓PX項目家喻戶曉，然而也增長了公眾內心疑惑與不安的因素。

　　隨後，從九江考察歸來的政府官員帶回來一項經驗，即要求大家「簽訂承諾書」。於是茂名市石化公司工作人員、教育系統工作人員以及一些學校的學生均被要求簽署「支持芳烴項目承諾書」。有人接受採訪稱，「承諾書存在如若不簽署會對高考、升遷不利等隱性強制內容」②。茂名市政府的一名官員認為這是「此地無銀三百兩」「我不瞭解PX，被強迫簽字後，就更不相信宣傳材料了」。③

　　2012年3月中旬起，當地論壇及貼吧陸續出現有關茂名建設PX、提議抗議的消息。政府宣傳部門為懲戒網民，開始對發表過激言論的網民進行身分核查。

　　2012年3月27日晚上7點半，茂名官方在市迎賓樓組織當地活躍且有影響力的網友召開PX項目推廣會。本打算以「內定」方式邀請50名左右活躍、知名的網友參會，最終「消息走漏」，與會者近250人。與會官員的強硬態度和溝通不暢造成推廣會出現失控，使得茂名市政府錯失一次與市民交流的機會。

---

① 東方早報. 茂名PX風波始末：宣傳戰擋不住恐慌的腳步［EB/OL］. (2014-04-01). [2017-07-30]. http://news.e23.cn/content/2014-04-01/2014040100297_2.html.

② 劉建華. 暗潮洶湧：廣東茂名PX事件調查［EB/OL］. (2014-06-12) [2017-07-30]. http://xkzz.chinaxiaokang.com/xkzz3/1.asp?id=7011.

③ 新京報. 茂名PX事件前31天還原：政府宣傳存瑕疵激化矛盾［EB/OL］. (2014-04-05) [2017-07-30]. http://money.163.com/14/0405/07/9P25E6F700253B0H_all.html.

最為關鍵的是與會者都是活躍網友，在互聯網上具有影響力，精通網絡傳播方式，推廣會非但沒有給他們釋疑，反倒給他們帶來相互交流、認識的機會，於是他們交換了聯繫方式，這為後來的抗議活動創造了一個重要的條件。

  2012年3月28日，有關茂名近期舉行抗議PX項目行動的微信消息在朋友圈大規模傳播，不少市民都通過微信獲知此消息，信息中含有確切的時間和地點。2012年3月30日早上8點左右，約100人聚集在茂名市委大院門口，他們拉著「PX滾出茂名」的橫幅。隨著呼聲逐漸高了起來，加入抗議的市民越來越多，到晚上抗議規模達到高峰，各種標語出現：「犧牲環境換來的經濟發展，我們不要！」「如果在這裡活不下去，我們就去火星！」情緒激動的市民攔截車輛，造成公路嚴重堵塞，還出現了打砸行為，個別極端人員甚至與警察發生了衝突。2012年4月1日至4月3日，每晚仍有抗議者聚集在市委、市政府門口。2012年4月3日，茂名市政府召開新聞發布會，表示只有在官民達成共識的情況下，才會啓動PX項目。2012年4月23日，茂名市政府通告對抗議中的滋事份子的處理情況。

  以微信為代表的新媒體在茂名反對PX項目事件中發揮了重要的動員作用。在抗議爆發前3天，不少茂名市民通過微信朋友圈獲知舉行抗議活動的具體時間、地點，這對於以「地緣」結成的城市集體抗爭來說，微信的信息傳播能力大大彰顯了。一時間，抗議的消息通過朋友圈的好友功能，一傳十，十傳百，很快傳遍整個茂名市。微博雖式微，但也同樣發揮作用，茂名反對PX項目事件曾一度進入微博熱搜，博客、論壇也有大量轉載、評論關於該事件的帖子，最終出現「傳統媒體失聲，新媒體熱炒」的輿論態勢。

  後來，茂名市政府採取大量刪帖行動，強制封鎖消息，關於「茂名」「審查」等詞在新浪微博等新媒體中迅速被屏蔽，

導致論壇、博客、微博的輿情量幾乎為零，只有微信從官方互聯網監視中「脫穎而出」，成為相對自由的信息交流與溝通的渠道。微信的信息分享基於熟人圈，雖然不像微博有「廣場喇叭」的作用，限制了其發行量的範圍，但點對點、私密性、及時性的傳播模式能夠在公眾中迅速傳播開來。茂名市民通過微信直播抗議現場，上傳大量圖片、視頻，成為外界瞭解茂名反對 PX 項目事件的重要渠道。同時，茂名市民為了突破政府封鎖，還積極運用海外自媒體，通過臉書（Facebook）、推特（Twitter）等新媒體，積極發布和轉發關於茂名反對 PX 項目事件的相關消息。

此外，在茂名反對 PX 項目事件發生之初，傳統媒體習慣性缺席，唯有以《茂名日報》為代表的當地主流媒體作為政府的喉舌頻繁發聲，為地方政府「背書」，並沒有把 PX 項目的常識科普到位，反而播下了危機的火種。群體性事件發生後，中央電視臺、新華社、《新京報》《人民日報》等傳統媒體開始密集報導，但早已失去輿論制高點的官方輿論遭遇公眾的逆向解讀：主流媒體集體認同 PX 項目是低毒，但是網絡輿論卻堅持認為 PX 項目有高度危害性。

5.2　新媒體在環境群體抗爭中的角色與作用

2003—2014 年，互聯網技術日新月異，新媒體不斷推陳出新，每一次新興媒體的產生與革新都會給中國環境抗爭帶來新的面貌和發展機遇。2003—2006 年，在中國環境群體抗爭中，傳統媒體占據了主導地位，但以門戶網站、電子郵件為代表的網絡 1.0 時代的新媒體嶄露頭角，得到初步應用。

2007—2009 年，互聯網進入以博客、社區論壇、即時通信

工具為主導的網絡 2.0 時代，新媒體發展十分迅速，改變了既有的傳播環境與途徑。傳統媒體的地位開始被撼動，新媒體在環境群體抗爭中的話語權增加，網絡輿論能力增強。

2010—2012 年，新媒體發展日漸成熟，微博、社區論壇、QQ 等在環境抗爭中得到全方位的應用，尤其是微博的異軍突起，突破了傳統媒體對消息的各種限制與封鎖，改變了長期以來官方輿論控制信息源與輿論場的格局，並且與其他新媒體形成了網絡互動與共振，微博上意見領袖與普通網民共同推動和決定環境抗爭的發展。

2013—2014 年，各家新媒體在環境抗爭中百花齊放，微信的迅速崛起改變了傳播生態系統，以微博「大V」為關注中心的廣場效應漸漸式微，取而代之的是更加草根化、平民化、私人化、自主化傳播的「自媒體人」，形成人際的「強關係」，在面對周遭共同的環境問題時，容易激起共鳴，形成一呼百應之勢。

2006 年，美國學者凱利·加勒特（Kelly Garrett）通過整理文獻發現，新媒體對社會運動有三個方面的影響：作為政治機會結構，作為動員結構，作為框架過程。無論是在哪個階段，新媒體在環境抗爭中的作用非常顯著，總結起來可以歸為三大作用：作為動員的手段，作為政治機會結構，作為框架結構。

5.2.1　作為動員的手段

新媒體憑藉其技術優勢和傳播特徵為群體動員提供了重要的平臺，與以前人際傳播時代、傳統媒體傳播時代發生的環境群體抗爭相比，無論是在傳播速度、傳播範圍或是傳播質量上都有明顯的進步。這主要體現在以下三個方面：

首先，新媒體具有快速、方便、低成本、低風險、匿名、

全球化等特點，這大大降低了信息發布和信息獲取的成本①，有效地提高了大眾溝通的速度與效果。特別是在智能手機普及的年代，信息發布者只需要通過手機就可以隨時把環境抗爭的相關消息以文字、圖片、視頻的方式上傳到微博、微信，甚至同步直播，成為第一現場的記錄者。信息的接收者同樣可以通過手機查閱消息，並且一鍵轉發、評論，信息發布者和接收者相互交流、互動，在短短的幾秒鐘內就可以將輿論擴散出去。以微博為代表的「弱關係」新媒體，其裂變式傳播結構加上微博意見領袖的推波助瀾，能夠迅速匯集輿論，形成大量的關注度和影響力，不斷吸引新的參與者加入動員行動中來。以微信為代表的「強關係」新媒體，將現實中的家人、親戚、朋友、鄰里等人際網絡移植到互聯網中，網絡的社會關係與現實的社會關係的重疊，有效地克服了「搭便車」的問題②，提高了動員內容的可信度，增加了動員的情感效果，以滾雪球的方式，形成點、線、面的廣大動員管道。在全媒體時代，兩種類型的新媒體共同發揮作用，極大地加速了信息的流動和溝通，多種渠道可以使得潛在的行動者很容易獲得參與群體行為的機會，不僅動員核心利益相關者迅速行動起來，參與到線下的環境抗爭中，還動員情緒共同體關注抗爭事件。在一些環境群體抗爭事件中，在缺乏主流媒體的消息源，缺乏環境 NGO 的支持和幫助的情況下，新媒體成為獲取消息的唯一渠道，因此新媒體占據輿論主導權，在短時間內號召數千人參與到抗議中，並且動員

---

① LEIZEROV S. Privacy Advocacy Groups Versus intel: A Case Study of How Social Movements are Tactically Using the Internet to Fight Corporations [J]. Social Science Computer Review, 2000, 18 (4): 461-483.

② HAMPTON, KEITH N. Grieving for a Lost Network: Collective Action in a Wired Suburb Special Issue: IcTs and Community Netuorking [J]. Information Society, 2003, 19 (5): 417-428.

和吸引全國不計其數的公眾關注該事件，最後將環境群體抗爭推向高潮。

其次，新媒體具有社會化功能，有利於動員公眾參與抗爭。公眾接受信息並不是被動的，而是有意識地選擇有共鳴的話題，這樣才能為後續的抗爭創造條件。在黏合信息流和公眾的過程中，新媒體發揮了重要作用，如今新媒體的繁榮發展和移動設備的普及，使現代人不可避免地陷入各種信息的「亂轟亂炸」中，環保問題往往能夠引起大眾的格外關注。一旦公眾整合有關環境問題的討論時，特別是在具有「強社交」的新媒體中，關係緊密的網絡關係跨越時空的限制，通過培養共同目標的方法影響參與者的想法和觀念，強化已有的社會網絡，有利於培育和動員潛在行動者，或者是進一步強化本來就有參與抗爭想法的群體。在一些環境抗爭案例中，抗爭者都有一個共同的環境利益訴求，就是希望賴以生存的環境不要受到威脅或損害，這與當地每一個居民的生活息息相關，因此具有很強的共鳴性。各種有關建設的消息在傳播，各種有關的危害性在討論，經過討論和傳播，許多原本不瞭解情況的當地居民才意識到項目危害的嚴重性，共同的擔憂、怨恨情緒不斷累積，再通過新媒體迅速擴散，迅速調動起公眾的參與熱情。

最後，新媒體在傳播過程容易培育和產生精英分子，加快動員過程。無論是博客、社區、論壇還是微博，其傳播特性很容易讓言論犀利、觀點深刻或是本來在現實生活中就具有較高知名度和影響力的人脫穎而出，成為環境群體抗爭的領頭者。他們往往處於信息源的上端，成為信息的權威發布者，他們深層次、多維度地解讀信息，引領輿論的走向，受到眾人追捧，動員更多的人參與進來。在廈門反對PX項目事件中，意見領袖連岳在博客上發表眾多的博文，不僅及時報導最新消息，還號召廈門市民行動起來，有理有據地指導廈門市民如何開展抗議

活動，不斷有市民受到連岳的文字的感染而加入抗爭的行列。在四川什邡反對鉬銅項目事件中，以李承鵬、韓寒為代表的微博意見領袖在官方消息屏蔽的情況下，不僅充當了信息源，還發布了發人深思的博文，不僅在其粉絲中產生一級傳播，還與其他微博意見領袖進行互動和雙向傳播，其他意見領袖又間接將言論傳給自己的粉絲，最後關於該事件的消息傳遍整個微博，從而動員全國公眾關注此事。

5.2.2 作為政治機會結構

首先對政治結構的概念做一個界定，這裡筆者引用美國著名學者蒂利和塔羅的定義，即「各種促進或阻止某一政治行為者集體行動的政權及制度、機構特徵」①。新媒體作為政治機會結構主要從兩個方面作用於群體抗爭，第一個方面是從國際角度來看，認為「新媒體促進跨國運動」②，間接影響國內的環境抗爭。第二個方面是從國內角度來看，新媒體通過提升群體抗爭的動員能力，間接降低政府信息控制能力，為抗爭提供政治機會結構。在中國，對於環境群體抗爭而言，新媒體作為政治機會結構主要通過第二個方面實現。

在中國，群體性事件一直被地方政府視為威脅政權穩定和影響社會安定的誘發因素，一旦發生群體性集會、示威等行動，一些地方政府通常選擇堵塞消息，瞞報事實。在傳統媒體時代，電視、報紙、雜誌等媒體被政府掌控，遇到類似情況通常保持沉默。隨著互聯網技術的發展，新媒體的出現改變了這一格局，

---

① 西德尼·塔羅. 運動中的力量：社會運動與鬥爭政治 [M]. 吳慶宏, 譯, 南京：譯林出版社, 2005：27.

② GARRETT R KELLY. Protest in an Information Society: a Review of Literature on Social Movements and New ICTs [J]. Information, Communication & Society, 2006 (2)：2.

其開放性、自由性、交互性等特徵對群體抗爭的政治機會結構產生了重大影響。新媒體相對於傳統媒體，較少受到國家控制，成本和風險較低，有助於提高公眾參與群體抗爭的能力。通過使用新媒體，公眾不再只是從政府、傳統媒體獲取信息源，公眾本身就可以成為「公民記者」，記錄、報導環境群體抗爭的相關信息。這樣在一定程度上可以繞過政府的審查和管制，「遠離權力中心的群體組織集體行動的外部阻礙」①，極大地拓展了民眾參與渠道。

目前，一些地方政府雖然可以通過刪帖、設置敏感詞等方式禁止公眾傳播、評論，但是在全媒體時代，新媒體種類繁多，一旦有環境群體性事件發生，所有新媒體基本都會參與進去，屏蔽消息的難度增大，「再也不可能輕易掌控信息的傳播和交換，因此互聯網新媒體在一定意義上減弱了國家言論控制能力」②。非常典型的是廣東茂名反對 PX 事件，正當微博、社區論壇等關於該事討論得沸沸揚揚時，政府採取刪帖、屏蔽、封號的方式「滅火」。但是公眾已經通過國內各個新媒體平臺甚至國外的新媒體廣泛轉發相關消息，導致政府的「滅火」行為作用有限。

新媒體的日新月異給環境抗爭提供了越來越大的政治機會結構，2003—2006 年，以傳統媒體為主，網絡 1.0 時代的新媒體為輔，公眾和環境 NGO 充分利用網站、電子郵件發表觀點及動員抗爭，環境群體抗爭獲得有限的政治機會結構。2007—2009 年，以博客、社區論壇、手機為主的新媒體繁榮發展，新媒體開始成為消息的來源，並且與傳統媒體形成良好的互動補

---

① A VAN, J LAER, P AEIST. Social Movement Action Repertoires: Opportunities and Limitations [J]. Information, Communication & Society, 2010 (8).

② KELLY GARRETT. Protest in an Information Society [J]. Information, Communication & Society, 2006 (2): 202-224.

充關係，抗爭的政治機會結構開始擴大。從 2010 年起，以微博、微信為代表的新媒體異軍突起，其傳播更加及時化、便捷化。這個時候，傳統媒體在環境群體抗爭中式微，但其深度報導、權威性的地位再一次擴大輿論，通過「媒體循環」，環境群體抗爭的政治機會結構進一步擴大。①

5.2.3 作為框架化結構

新媒體有助於促使大家參與討論，這種討論不僅發生在新媒體搭建的在線領域，還進一步延伸到現實生活中，反過來促進公眾參與。討論的過程是輿論形成的過程，也就是再建框架的過程。行動者可以運用即時通信、微博、微信、社區論壇等新媒體搭建公共領域。② 具體而言，新媒體作為框架化結構表現在以下兩個方面：

第一，新媒體的及時性、彌散性、共時性使得其使用的准入門檻較低，用戶可以自由選擇參與討論的時間與地點。在涉及與公眾利益息息相關的環保問題時，其話題的吸引性和參與成本的低廉性很容易使大量的公眾參與進來，多元化的傳播主體帶來各異的情緒和觀點。在一些環境群體抗爭事件中，一部分公眾表達自己的情緒，有人憤怒，有人吐槽，有人擔憂；一部分公眾提供消息和事實，如轉載政府的官方發言和傳統媒體報導，或者是上傳事件現場的各種圖片、音頻等；一部分公眾從各個角度剖析問題，深入解讀，為公眾提供觀點。各種情緒交織，各種火花碰撞，眾聲喧嘩，形成一個獨立於官方輿論之

---

① 邱林川. 手機公民社會：全球視野下的菲律賓、韓國比較分析 [M] // 邱林川，陳韜文. 新媒體事件研究. 北京：中國人民大學出版社，2009：291-310.

② MYERS, DANIEL J. The Diffusion of Collective Violence: Infectiousness, Susceptibility, and Mass Media Networks [J]. American Journal of Sociology, 2000, 106 (1)：173-208.

外的輿論場。新媒體一方面促使虛擬空間和現實空間的互動與交流，影響公眾的現實行為，另一方面吸引傳統媒體報導，影響媒體對事件報導的態度和立場。

第二，框架化有助於構建公眾的集體共識。在民間輿論集聚過程中，公眾的話語權重新迴歸到虛擬平臺，參與者對議題進行框架化，形成「What」（「問題是什麼」）「Why」（「問題產生的原因」）、「How」（「問題如何解決」）的話語框架，這種方式有助於增強行動者達成共識。例如，在廈門反對 PX 項目事件中，最初只有少數人知曉 PX 項目可能帶來的危害，PX 項目對大多數市民來說相當陌生，甚至有一部分市民之前根本沒有聽說過這個詞，更談不上對其產生的後果的預估。這樣的情況在新媒體的傳播後大大改變了，博客上連岳科普廈門 PX 項目，社區論壇上大家討論 PX 項目的來歷、危害以及如何採取措施避免，讓公眾恍然大悟，PX 項目可能「產生劇毒」「產生爆炸」的議題框架通過新媒體迅速形成，議題通過輿論機制倍增，有效地被集聚和放大，瞬間激發起廈門市民的集體共識，為後來發生抗議活動創造了重要條件。

5.3 新媒體動員在環境群體抗爭中的風險

新媒體的發展給公眾開闢了前所未有的言說路徑，極大地擴大了公眾的話語權，在環境抗爭中發揮了動員、提供政治機會、再框架化的重要作用。然而，新媒體猶如一把雙刃劍，其傳播內容碎片化、傳播主體多元化、傳播速度迅速化等特徵在給抗爭帶來機遇的同時也給社會帶來風險，如謠言大肆傳播、抗爭走向激化、環境動員異化。

5.3.1 謠言大肆傳播

新媒體為環境動員提供了自主的媒介載體和手段，多元化傳播主體帶來豐富而多樣的信息，許多信息是來自個體，由於把關人的缺失，傳播信息無法有效地得到保障和控制，這為謠言的滋生創造了媒介技術環境。在傳統媒體時代，謠言主要在熟人之間口耳相傳，其傳播速度、廣度都有限，然而在人際傳播、大眾傳播集於一體的新媒體時代，公眾通過博客、論壇、微博、微信、QQ群、貼吧等平臺，可以迅速使謠言擴散開來，傳播的廣度、深度、速度都遠超以前。

除了技術原因，中國社會現實情況也促使環境議題謠言的傳播。首先是政府信息的控制。一些地方政府在推動項目發展時，決策往往不透明，在面對危機時，甚至想方設法封鎖真相、堵塞相關消息，剝奪了公眾的知情權和表達權。在信息無法有效獲得滿足的情況下，公眾會在民間話語體系中尋找「真相」「答案」，於是各種流言、猜測紛紛而起，甚至有群眾對官方的言論和行為進行對抗性解讀，認為一些地方政府的公信力較低，其傳播的消息會誤導甚至欺騙公眾。其次是公眾對環境問題的認知局限。由於環境領域涉及的各種術語具有專業性，造成知識壁壘，在面對與公眾生存、健康緊密聯繫在一起的各種大型項目時，公眾寧願選擇相信項目會造成嚴重危害，再加上一些地方政府語焉不詳，各種謠言、負面信息會在短時間內迅速形成。最後，在環境抗爭中，公眾實際處於弱勢地位，在缺乏主流媒體關注的情況下，為了引起政府重視，喚起社會的悲情與憤怒，公眾常常借助未經證實的消息作為弱者抗爭的武器，目的是借勢造勢，爭取輿論的支持與同情，給政府形成壓力，最

終達到抗爭訴求。①

根據筆者收集的 150 起環境群體抗爭事件的統計分析顯示，除去 24 起不詳信息案例，在 126 個有效樣本中，出現謠言傳播的案例占比為 20%（見圖 5.1），謠言主要產生於 PX 項目事件和垃圾焚燒項目事件中，謠言的內容主要集中在「PX 劇毒」「現場有人死亡」等。這些言論充滿煽動性，極具情緒感染與從眾效應，再加之謠言通過強社會關係網絡傳播，在新媒體傳播中「一石激起千層浪」，如蝴蝶效應般迅速傳開，並且可能引發新一輪的線下集體行動。

在一些群體性事件中，各種關於謠言的文字、圖片、視頻在微博、微信上廣泛流傳。這些未經證實的消息在當時極大地震撼了公眾，不僅導致輿論走向畸形，而且引發新的線下集體行動。

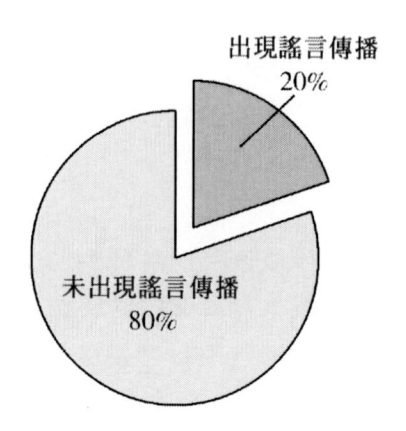

圖 5.1　2003—2014 年影響較大的中國環境群體性事件謠言占比分布

---

① 謝茨施耐德. 半主權的人民 [M]. 任軍鋒, 譯. 天津：天津人民出版社, 2000: 1-17.

5.3.2　抗爭走向激化

在環境群體抗爭中，由於體制內的利益訴求渠道堵塞，公眾通常會採取體制外的方式進行抗議，「勢單力薄」的普通公眾只有進行戲劇性、衝突性的表演式抗爭（遊行、示威、打砸搶燒等極端違法行為）時，才會顯示出「較高」的新聞價值，才會在眾多消息中脫穎而出進入社會視野，為公眾的環境維權創造條件。

新媒體相較於傳統媒體更加開放、便捷與迅速，在環境抗爭中成為重要的動員力量，為公眾實現表演式抗爭提供了可能性。公眾借助 BBS、社區論壇、QQ 群、微博、微信等平臺發布消息，瞬間可以動員成千上萬的人關注此事，同時號召參與者進行線下的表演式抗爭，最後吸引全社會的關注，政府被置於「圍觀」中，出現不得不解決問題的局面。

有學者提出：「對於缺乏資源的底層人來說，過激行為是他們的資源」。當表演式抗爭成為公眾一種常規性的訴求渠道時，這表明體制內正規救濟渠道的資源在逐漸消失。這一現象會引發其他公眾爭相效仿，抗爭式表演不斷應用於其他環境群體性事件中，並且抗爭朝著更加個性化、暴力方向發展，這無疑給地方政府的管理和應對帶來巨大挑戰。目前中國發生的群體性事件陷入了「公眾前期參與不足→項目批准或實施→公眾群體抗議→項目中止或取消」的博弈模式。對於抗爭者來說，表演式抗爭並不是其目的，而是通過表演式抗爭尋求利益訴求，表演式抗爭只是一種解決問題的手段。因為抗爭者只有進行了表演式抗爭，才能推動問題的公開化，對政府形成有效監督。但是這種表演式抗爭往往會越界，給不法分子可乘之機，影響社

會的安定團結。① 例如，在廣東茂名反對 PX 項目事件中，公眾通過「集體散步」的表演式抗爭進行環保維權，整體情況較為平和理性，但是個別不法分子挑唆少數市民，到處散布謠言，並且借機打砸鬧事，嚴重影響了社會秩序。

5.3.3　環境動員異化

動員異化是指媒介的動員效果被無限擴大，以至於可以無視或曲解事實。② 在西方國家，動員廣大公眾的基礎是運用豐富的環保知識來「俘獲」人心，這是決定環境運動是否成功的關鍵因素。據卡斯特的統計，在美國有 80% 的公眾自詡為環境主義者，在歐洲這個數據達到 2/3。③ 可見，在歐美國家，公眾的環保素養普遍較高。在中國，環境抗爭與西方的環境運動迥然不同，除了社會背景、抗爭訴求、組織模式有很大的差別外，環境動員也發生了異化。抗爭者的著眼點很大程度上放在了政府的討論上，而脫離了環境問題本身。在新媒體背景下，博客、論壇、微博、微信作為公眾重要的動員手段發生了異化，其動員過程背離了環保科學本身，維權觀念凌駕於環保觀念之上，其本質是抗爭政府的行為。

這在廣東茂名反對 PX 項目事件中體現得尤其突出。2014 年 3 月 30 日，就在茂名市民上街抗議的當天晚上，網絡空間上演了百度百科 PX 詞條的「爭奪戰」。原本關於 PX 的百度百科顯示的是「低毒」，但被極端的網友改為「劇毒」。清華大學化工系的學生基於專業知識改回為「低毒」。但是網友根本無法認

---

①　郭小平. 中國網絡環境傳播與環保運動 [J]. 綠葉, 2013 (10): 15-22.
②　周海晏.「電子動員」的異化：廣東茂名 PX 項目事件個案研究 [J]. 新聞大學, 2014 (5): 88-95.
③　卡斯特·曼紐爾. 認同的力量 [J]. 曹榮湘, 譯. 北京：社會科學文獻出版社, 2006: 171.

同，又改回為「劇毒」。在之後的6天時間，此條被反覆修改了36次，在4月5日那天此條確定為「低毒」狀態。

　　在這場「爭奪戰」中，學院派和部分網民形成兩種對峙的觀點，學院派從科學角度出發，用科學實驗驗證PX項目是低毒，並指出網友們不應該利用「偽科學」惡意動員、蠱惑群眾。而部分網友卻認為清華大學化工系的學生是「替政府說話、辦事」，宣揚PX項目的好處。事實上，學院派是站在環保知識的基礎上表明觀點。而網友的核心論點脫離PX項目本身的問題，直指一些地方政府公信力的問題。這種對政府的不信任，並且打著環保的外衣進行的動員抗爭，使動員發生異化。

6 新媒體時代政府應對環境群體抗爭的治理策略

　　環境群體抗爭的產生是多種因素的共同作用，其產生邏輯有兩個方面：一方面是其帶有環境問題的特徵，即環境污染或威脅等問題直接影響公眾的生存與健康，是引發抗爭的直接動力，環境問題的產生又與政府的政策導向、經濟發展模式、環境管理體制、法律法規密不可分；另一方面是環境抗爭的發生邏輯又帶有群體性衝突的共性，在環境問題產生後，受損公眾進行環境申訴與抗議，往往遭遇信息溝通渠道堵塞、權利救濟途徑失效等問題，其背後反應出更深層的問題，即國家環保法律法規不健全、公眾參與度較低、環境管理機制不完善等一系列問題。

　　如果這些問題不能及時、妥善、有效地解決和處理，環境衝突就會進一步惡化。特別是在新媒體的擴散和推動下，新媒體的便捷性、交互性以及廣泛性給公眾提供了獲取和發布信息的平臺，拓寬了公眾表達和言說的渠道，在信息聚合效應下很容易形成強大的輿論，迅速推動環境衝突從線上的抗爭演化為現實的群體性事件，並且有可能使抗爭從體制內的溫和、理性、有秩序的方式向暴力化、非理性化轉變。通過前面的分析可知，大部分的環境抗爭的對象為政府，而且環境群體性事件參與人

數眾多，規模通常較大，一旦爆發環境衝突，有可能導致政治風險，進而擴大為綜合性的社會危機，成為影響社會安定、團結的重要因素，這將給政府的社會管理帶來巨大的挑戰。

　　因此，應對和化解危機，滿足公眾正常的環境利益訴求，避免惡化成群體衝突，成為政府治理亟待解決的問題。我們要想從根源上解決環境衝突，不僅需要政府、企業、公眾、媒體、意見領袖等各行為主體積極協調參與，還需要中央政府從宏觀方向進行規章制度的調整和完善，需要地方政府在具體環境問題的處理和應對過程中提高能力，需要政府多管齊下，從思想觀念、體制機制、法律法規、輿論應對等方面綜合治理。

　　據此，政府治理總共分為兩個部分，其一是「防患於未然」的角度，從預防的思路進行治理，主要目的是減少環境污染，提高環境治理能力，營造良好的生存環境，從而減少環境衝突風險。政府應具體通過轉變經濟增長方式、加強公眾參與、健全環境行政管理體制、完善環境影響評價制度來實現。其二是化解的角度，主要探討公眾有了環境訴求後，政府如何採取措施解決矛盾，避免衝突升級，即環境衝突治理。其實施辦法又分為兩個方面：一方面，完善環境利益訴求機制，如建立健全信訪制度、改革環境公益訴訟制度、發揮民間組織的潤滑作用；另一方面，在新媒體傳播背景下，探討政府如何應對環境的網絡輿論，提升政府應對能力，政府可以通過提升官員新媒體使用能力、加強傳統媒體的議程設置能力、提升公眾的媒介素養、培養網絡意見領袖、加強信息公開等方式來應對危機。通過以上措施，政府可以建立全方位、立體化的環境抗爭綜合治理框架，為各級政府科學、高效、有序地應對環境群體抗爭提供決策參考（見圖6.1）。

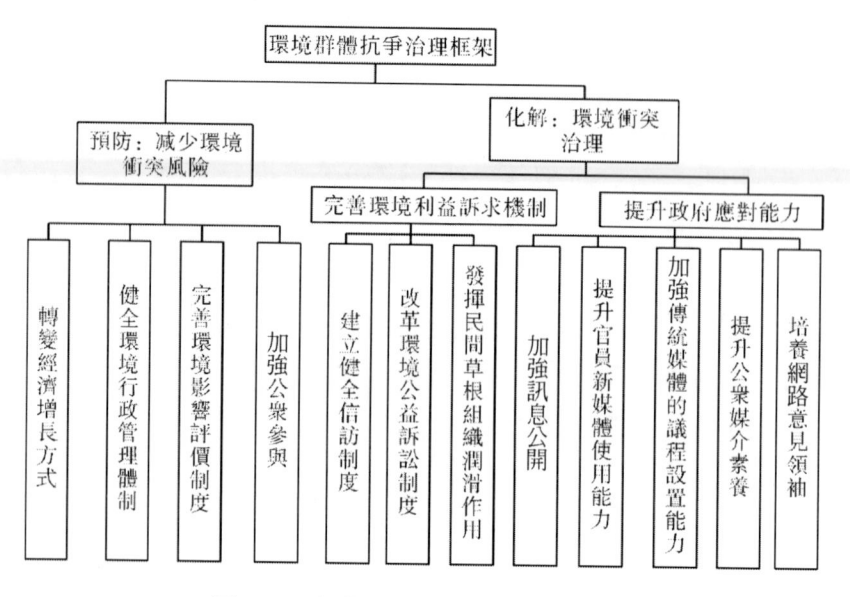

圖 6.1　中國環境群體抗爭治理框架

6.1　環境群體抗爭的風險預防

6.1.1　治本：轉變經濟增長方式

環境衝突的根源在於環境污染。如前文所述，環境污染是工業化過程的必然產物，因此解決環境問題的根本在於轉變經濟增長方式，降低對高能耗、高污染產業的依賴，這是減少環境衝突的根本性措施。因此，在未來的經濟發展中我們不能只顧經濟建設而忽視環境保護，要擺脫過去「先污染後治理」的發展觀念，正確處理好經濟發展與環境保護的關係，保證經濟、社會以及生態的協調，不僅要「金山銀山」，還要「綠水青山」，實現人與自然和諧相處。

當前，各地發展與政府官員的考核標準多以經濟指標為主，

環境指標雖然被納入考核範圍，但沒有發揮實質作用。這種情況下，一些地方政府為追求經濟效益，大規模重複性地投資與建設，甚至以犧牲環境為代價來促使經濟發展，追求「短平快」的政績，這著實不可取。政府應該樹立生態文明的理念，完善綠色 GDP 考核體制，轉變經濟增長方式。

　　首先，政府需要倡導生態文明的理念，通過社會化傳播促進生態文明理念的傳播，塑造尊重自然、愛護自然、順應自然的發展觀念，把生態文明建設貫穿到政治、經濟、文化、社會的各個方面，促進人與自然的內在融合；走可持續發展的道路，解構與超越「唯經濟發展論」，實現上自中央政府、下至地方政府綠色發展觀念的普及，在思想層面上降低環境群體性事件發生的可能性，為從源頭扭轉環境惡化做好理念上的準備。

　　其次，政府需要引入綠色 GDP 考核標準體系，如以生態成效、環境質量、環保投入等作為考核指標，減少 GDP 在考核中的比重，增強環境保護在幹部任用、升遷以及獎勵考核中的重要性；同時加強環境監管，落實和細化處理重大環境事故官員的問責機制，嚴格執行「一票否決制」，促進環境治理由事後處理向事前預防的轉變。以上方式可以樹立地方政府領導人正確的政績觀，確實落實政府的環保職責和責任，提高環境決策的合法性，使政府自覺接受大眾的監督，將引發環境衝突的隱患提前平息。

　　最後，各級政府應大力發展循環經濟，提倡節約資源，促進經濟發展方式由過去的高消耗的粗放型向兼顧環境利益的集約型轉變。其一，政府應加大環保的資金、人才、技術以及設備的投入，出抬相關政策鼓勵社會技術創新並完善配套的環保設施，如污水處理、污染減排等，減輕經濟增長對環境資源的依賴度。其二，政府應推進企業環保文化建設，加強企業環保意識教育，促進企業將環保觀念落實到具體生產的各個環節中，

加強企業的環保責任，加大對企業污染環境行為的處罰力度，提高企業違法成本，使得污染企業的違規代價遠遠高於遵守環保規則的成本。

6.1.2　統籌：深化改革中國環境行政管理體制

環境管理體制涉及機構設置、職權分配以及機構間的協調與合作。一個高效、合理、健全有序的環境行政管理體制直接影響環境管理的效能，對於統籌環境工作、預防環境污染與衝突具有決定性的作用。目前中國的環境行政管理體制存在各級環保部門不夠獨立、缺少「實權」、環境管理機構職責不清、執法力度不夠等問題，這是導致中國環境惡化、環境衝突的重要因素。因此，為了避免這些問題，可以採取以下措施：

6.1.2.1　強化環保部門的權威性

從國家層面來看，由於環保體系一度呈現「九龍治水，各自為政」的現象，環保部[①]曾長期處於「尷尬地位」，在一些大型環境項目和惡性環境污染事件中，話語權不足，干預能力有限。從地方層面來看，地方環保機構受制於當地政府，在環境保護工作的具體執行過程中，只有限期治理、停產整頓的建議權，沒有決定權，能力十分有限。中國應以立法形式確保環保部門的地理性和權威性。

2008年，原國家環境保護局改為環境保護部（環保部），並且強化了環保部的地位，但相較於國家發展與改革委員會等部門來說，並沒有通過立法的形式確定環保部的重要地位。美國的聯邦環保局是獨立的機構，雖然不是內閣部門，但直接對

[①]　2018年3月，根據第十三屆全國人民代表大會第一次會議批准的國務院機構改革方案，將環保部的職責整合，組建中華人民共和國生態環境部，不再保留環保部。

總統負責，職權廣泛，不受任何部門的影響，獨立性極高，並且法律有明確規定聯邦環保局對各種污染行為有審查、處罰、停產的決定權。日本、加拿大、韓國、英國等國家的環境保護部門都享有很高的行政地位，其負責人地位也很高，如日本的環境廳長是主要的內閣大臣之一，以確保環境保護機構在工作執行中的權威性和重要地位。因此，中國在機構改革後應該進一步以法律形式明確和細化各級環保機構的職能，授予其更多的話語權和決定權，使其不再受不應該有的行政干擾，使其在環境保護過程中擁有更高的獨立性和權限，把「實權」真正交還給環境保護部門。

6.1.2.2　建立高效的部門協調機制

目前，中國的環境管理體制具有「統一監督管理，分部門相結合」的特徵，造成管理機構設置重複，各部門間權限不清晰，管理職能重疊、交叉以及錯位，環境保護職能分散在多個部門。這樣會出現政出多門的問題，並出現在工作中難以溝通與協調的情況，使得工作效率大大降低，但是環境資源的管理與配置又不是單一部門的工作，是需要多個部門之間相互協調和配合，才能順利完成的。國外的實踐證明，建立高效的部門協調機制對環境保護事務的開展至關重要。

美國設立國家環境質量委員會，負責為重大環境決策提供諮詢，更為重要的是協調環境管理部門的行動。在澳大利亞，除了環境與遺產部門外，在中央還設置國家環境保護委員會，以協調跨部門的環境事務。中國應在環境事務中開展充分討論與論證，加強各部門間的聯繫與溝通。此外，更為關鍵的是中國要在管理層次、管理範圍、管理手段上建立高效的協調機制。

首先，在管理層次上，中國應堅持統管與分管的原則，在環境工作的開展過程中，明確環境保護機構的主導地位，實施統領性、全局性、綱領性的管理，其他部門協同管理，是補充

性、配合性的管理。其次，中國應構建垂直管理體系，地方環保部門作為國家生態環境部的派出機構，直屬於國家生態環境部，應減少地方政府機構對地方環保部門的制約，真正實現垂直領導。再次，從管理範圍上來看，不同部門應該有針對性地管理與其相適應的工作，明確各部門的工作，揚長避短，不應該跨行業和部門管理，避免職責重複，同時接受生態環境部的監督。最後，從管理手段上，環保部門要制定與環境相關的規章制度和行業標準，並對環境事務有最高裁定權和監督權。各部門應積極回應和貫徹落實規章制度，並且進行自我督查，對環境事務有建議權。

6.1.3 預防：健全環境影響評價制度

環境評價制度指的是在環境項目建設前，對該項目可能產生的環境問題進行調查、預測以及評估，並提出相應的處理意見和對策。① 環境評價制度對於預防環境污染源，完善環境監督，進而減少環境衝突有著關鍵性的作用。

由於中國環境評價制度建立時間較晚，因此還存在發展不成熟、落實不到位的問題。具體問題有以下幾點：

其一，環境問題對象不夠寬泛，僅局限於具體的建設項目，環境評價制度對那些國家重大經濟、技術產業以及重大基礎設施建設沒有做出規定。在評價程序上，中國存在環境影響「後評價」現象，即項目在建設和運行之後補辦環評手續。

其二，環境評價制度對參與環境影響評價的主體規定不明確，沒有指明哪些公眾應參與聽證會，這就會導致參與聽證會

---

① 李艷芳.論中國環境影響評價制度及其完善［J］.法學家，2000（5）：3-11.

的公眾可能不是建設項目環境影響最大的受害者。[1]

其三，環評流於形式。地方環境影響評價報告書由地方環保部門審批，地方專項規劃的編製者是地方政府，建設項目往往也是地方政府招商引資而來的，而地方環保部門又受地方政府控制，這樣必然導致環評被屢屢繞過，或者只流於形式，或者環評報告能輕易通過地方環保部門審批，甚至出現環境影響造假的情況。

因此，為了建設和完善環境評價制度，政府應該從以下兩方面入手：

6.1.3.1 提高環境評價制度的科學性

針對目前環評制度存在的問題，政府需要提高環境評價制度的科學性，可以對環境評價制度的程序和方法做如下調整：

首先，對於環評聽證會，政府必須確保相關民眾能參與進來，可以充分表達意見。在環境項目實施或環境法律制度出抬前，地方政府應該邀請專家參與論證，虛心聽取公眾意見，並且對公眾意見做出答覆。如果缺少任何一項措施，地方政府都應該考慮暫停項目。同時，政府應規範環評程序項目，嚴格執行「先環評，後建設」的順序，讓問題充分暴露在建設前。

其次，政府需要改進評價機制，引入公平獨立的第三方機構，充分發揮其監督作用，防止地方政府「既當裁判員，又當運動員」情況的發生。

最後，政府解決環評機構環評不實的問題，可以採取以下措施：

第一，加大處罰力度。如果環評機構出具偽造的環評報告書，並給公眾與社會帶來較大的危害，應當永久取消該環評機

---

[1] 李愛年，胡春冬. 中美戰略環境影響評價制度的比較研究 [J]. 時代法學，2004（1）：109-120.

構的資質，同時一查到底追究相關人員責任。如果一些人員肆意干預環評，政府要加大對相關責任人的懲罰力度。

第二，加強管理與監督。相關部門要嚴格執行環境影響評價報告書所規定的公示制度，地方環保部門須在環評報告書審批之前，在媒體上或以其他公開的方式公示報告書的內容，接受大眾的監督。

第三，制衡與提高。環評報告在公示期間，如果公眾對報告書持有異議，政府需要提供公眾表達心聲與建議的條件。另外，政府需要重新委託新的環評機構進行環評，再將兩方意見對比，以降低單一環評帶來的科學性不足的問題。

6.1.3.2　引入環境健康和社會風險的評估機制

目前，環境影響評價制度的內容主要是項目造成的環境影響，對於項目給周圍公眾帶來的健康風險和社會風險少有考慮，而污染事故往往直接危及公眾健康。正如呂忠梅在談到「血鉛事件」時所講：「國內血鉛事件的頻繁爆發與中國大多數項目沒有做『以人群健康為中心』的環境健康風險評價有很大關係。」[1] 因此，科學合理的環境評估機制應該更多地站在如何降低公眾健康風險上，督導部門應在此之上建立新的環評標準和風險警告機制。更重要的是在新的環評和預警機制當中凸顯不同部門的緊密協調機制。[2]

環境社會風險包括環境污染、項目建設以及生態破壞帶來的社會風險，究其發生的根本原因，是人類不合法、違規操作導致。「重大事項→環境影響→社會風險」是其發生的內在邏輯。因此，我們可以將環境社會風險評估納入社會穩定風險評估之中。

---

[1] 呂忠梅. 根治血鉛頑疾須迴歸法治 [N]. 南方週末，2011-05-26 (10).
[2] 呂忠梅. 根治血鉛頑疾須迴歸法治 [N]. 南方週末，2011-05-26 (10).

從法制角度來看，目前，中國環境健康標準體系尚處於空白階段，需要在借鑑發達國家經驗的基礎上盡快制定出符合中國國情的標準體系，加快制定環境健康標準，完善環境與健康立法，確保公民健康的權利有法可依。

從體制角度來看，國家可以專門針對環境健康事件設立一個部門，這有助於管理的針對性和專業化。管理人員可以由公共衛生部門與環保部門的工作人員擔當。

從機制角度來看，各級政府應建立、完善關於環境健康風險的各種機制。例如，建立科學評價和預測的預警機制，有效提高風險預判；建立專項基金籌措與運作機制，保障工作更好地展開；建立信息搜集、儲存與反饋機制，有助於溝通暢通；完善各督導部門緊密合作、相互協調機制，推動工作有條不紊進行；等等。

6.1.4　建言：完善公眾環境參與機制

在環境領域中，公眾參與有助於政府廣納民意，提升項目決策的科學性，讓政府的環境規劃能夠考慮和反應公眾的真實想法，避免因政府行為與公眾的環境利益不一致而導致的環境衝突。

6.1.4.1　消除導致公眾「非參與」的誘因

在美國學者莎利・安思婷構建的公民參與的決策階梯中，「非參與」是影響公民參與決策的最底層因素。[①]「非參與」主要由兩方面造成：一是主觀上不願參與，二是客觀上無法參與。後者是因為公眾環境參與缺乏有效的制度化渠道，或者參與途徑堵塞。為了解決「非參與」，政府可以從以下方面入手：

---

① ARNSTEIN, SHERRY R. A Ladder of Citizen Participation [J]. Jounal of the American Institute of Planners, 1969 (25): 216-224.

其一，充分發揮大眾媒體、環境 NGO 以及社區機構的作用，通過其對公眾進行環境知識普及與環保觀念的培育，提高公眾的維權意識和環保意識，通過各種方式激發公眾參與的動機，只有當民眾切身體會和認識到保護環境是自己應盡的義務和責任時，公眾才會積極主動地進行環境參與。童星等人指出：「對分散的利益加以組織化，可以在很大程度上緩和參與中利益代表結構的失衡。」[1]

其二，暢通公眾參與的各種渠道，如 12369 環保熱線、各級環保部門的投訴信箱、公眾聽證會等。政府可以群策群力，積極探索新的參與渠道，擴大環境參與途徑的範圍。此外，政府要保障參與程序的規範性和有效性，對於政府回應不及時、執法不嚴格的情況進行問責，避免公眾的權利被虛化。

6.1.4.2 增加參與的實質性內容

目前，《中華人民共和國環境保護法》《中華人民共和國環境影響評價法》等相關法律法規對公眾參與做出了相關規定，但在參與範圍、參與內容上並未明確。個別地方政府更是單純為了自身利益，使公眾的環境參與流於形式。例如，在有關環境項目推進的過程中，公眾被告知多少、能夠諮詢哪些內容、如何諮詢、公眾的意見是否被採納等，都是由地方政府的公權部門決定，公眾處於絕對的被動狀態。

為了提升參與的實質性，政府可以從以下方面進行改變：

首先，在法律上對「告知」和「諮詢」做出詳細的規定，將環境信息公開、環境決策諮詢以制度化的形式確定下來，確保公眾的環境信息知情權和決策建議權。

其次，在地方公權部門之外培育第三方監督力量，如放寬

---

[1] 童星，張海波.中國應急管理：理論、實踐、政策 [M].北京：社會科學文獻出版社，2012：338.

對媒體的監控力度，大力扶持民間 NGO，發展社區等基層組織進行有效監督，防止地方公權部門在環境領域的權力尋租，讓公眾真正參與進來。[1]

最後，落實公眾參與方式。例如，建立環境保護定期問卷調查制度，由第三方力量實施整個問卷的調查過程，瞭解公眾對政府環境決策與監管、環境執法與信息公開方面的需求和意見。這種做法既可以收集民意，又可以對環保部門的工作起到測評和監督的作用。

6.2 環境群體抗爭的治理與應對

6.2.1 救濟：完善環境利益訴求機制

目前公眾環境利益訴求渠道大體可以歸結為三大類：第一類是涉及黨委和政府的信訪與上訪，第二類是涉及律師、法律援助機構和法院的訴訟，第三類是涉及專家學者、新聞媒體、各類環保組織和社會團體的外援。這三個方面的政治機會目前都存在一定的問題。

在信訪渠道方面，信訪部門的權力甚微，主要工作圍繞登記、轉送以及協調信訪事宜，解決問題的能力較弱，對於敏感問題，更是效力低下。另外，「屬地管理、分級負責」的信訪工作原則常常使得上訪者繞了一圈最終回到了原點。公眾的訴求無法滿足，使得越級上訪的行為頻頻發生。

在訴訟渠道方面，第一，訴訟成本高昂，不僅花錢、花時間、花精力，特別是環境訴訟，面臨的最大困境是「舉證」，勢

---

[1] 冷碧遙. 鄰避衝突及政府治理機制的完善——基於寧波 PX 項目的分析[J]. 知識經濟，2013（11）：7-8.

單力薄的公眾很難與實力很強的企業團體相抗衡。第二，司法系統的不獨立，導致有時司法有失公正。在有些地方，容易出現行政干預司法的局面。第三，法庭系統內權力相對集中，導致判決由少數幾個法官決定，容易出現權力尋租的可能。上述種種原因，一般情況下，會使公眾對環境訴訟望而卻步。

6.2.1.1 完善信訪制度

信訪制度是各級黨委和政府傾聽人民意見、接受監督的重要途徑，雖然這種制度被於建嶸批評為只是「民意上達」而不是「民意表達」的制度，但是為了更好地發揮信訪制度的效用，建議如下：

首先，推行主要領導接訪的包案、跟蹤、反饋與評估制度，提高信訪制度化解社會矛盾、處理事故的效率，對因遲滯回應、敷衍了事，甚至胡亂作為而導致事件升級的相關責任人必須嚴厲追責。政府對民眾呼聲採取什麼樣的回應姿態往往直接關係事件發展的結果，及時、有效的回應對於消解對抗、防止群體性事件升級至關重要。

其次，充分發揮人大代表和政協委員的作用，使人大代表和政協委員能更多地關注農民利益的表達，同時提高救濟維護農民權益的能力。政府可以從以下兩點入手：第一，提高人大的地位，增加人大的權力。人大不能僅僅是增強黨政合法性的工具，而應該是能對同級黨委進行質詢、監督甚至罷免的機構。第二，增加人大的信訪功能，可以在人大中設立信訪事務處理機構或公民權益維護機關[①]，並賦予這一機構處理問題的能力，在人員配置、資金安排、權力分配上適度傾斜，與此相適應的措施是賦予人大代表在休會期間瞭解、傳達、反饋民眾利益訴

---

① 祝天智.政治機會結構視野中的農民維權行為及其優化［J］.理論與改革，2011（6）：96-100.

求的權利。

6.2.1.2 改革環境公益訴訟制度

環境公益訴訟制度，對充分保障公眾的環境權益、監督國家行政機關的行為至關重要。環境公益訴訟制度有利於環境矛盾在「體制內」化解，避免衝突升級，避免引發群體性事件。但是目前環境公益訴訟制度在中國並沒有發揮其應有的功能，公眾很少通過環境訴訟制度進行環境維權。具體建議如下：

其一，加強司法獨立性，使司法領域成為獨立的社會空間。政府應該盡量減少黨政系統對司法系統的干預，確保法院裁決的公正性。

其二，簡化環境利益訴訟程序，或者建立專門的審理程序。政府要簡化現有的民事訴訟程序，保證環境污染的證據在規定時間內有效。此外，民事訴訟實行「誰主張，誰舉證」原則，雖然環境訴訟特殊規定「舉證責任倒置」原則，但原告要求停止侵權時，必須證明存在污染；如果要求經濟賠償時，則必須證明存在損害以及損害程度，這些舉證對於普通百姓而言非常困難。更為重要的是，訴訟時間的漫長消除了農民解決事件的其他機會成本。

其三，突破傳統民事訴訟對環境訴訟的限制，建立環境公益訴訟制度。《中華人民共和國民事訴訟法》規定原告必須是直接受害人，而直接受害人因為法律知識的欠缺、財政能力的有限、受害取證的艱難，加上對法院是否會公正判決的擔憂等因素往往不願或不能進行環境訴訟。而環境公益訴訟可以緩解這一矛盾。所謂公益訴訟，是指任何人或社會團體為了公共利益都可以向法院起訴污染環境的行為。

6.2.1.3 發揮民間環保組織的潤滑劑作用

在西方國家的環境運動中，環境 NGO 一直作為溝通政府和公眾的橋樑，在環境保護與抗爭行動中發揮了重要作用。然而

在中國，由於國情的特殊性，環境 NGO 並不健全，在環境抗爭中，常常面臨失靈的情況。其具體表現為：環境合法性身分的缺失、環境 NGO 對公共決策影響不充分、在充當受損公眾的代言人角色時顯得軟弱無力等。因此，政府需要從以下幾個方面來改善：

第一，給予環境 NGO 合法的地位。在中國現有的法律體系下，政府應增加對環境 NGO 的法律地位的確認，保障環境 NGO 在環境領域的立法、執法、維權以及監督等方面的參與權，擴大環境 NGO 在環境保護和環境救濟中的影響力和實際參與能力。此外，政府應提高環境 NGO 的獨立性，增加其在環保事務中的話語權。長久以來，國內的環境 NGO 對政府有很強的依賴性，除了管理體制外，多是由於資金不獨立造成的。因此，環境 NGO 應擴大資金的籌集渠道，在有條件的情況下可以適當開展有償服務，獲得經營性收入。

第二，改革環境 NGO 的活動方式，擴大環境 NGO 對政府公共決策的影響力。通過前面的分析，2003—2006 年，環境 NGO 在環境抗爭中確實發揮了重要作用，表現活躍，直接推動了環境公共政策的變更。但在 2006 年以後，環境 NGO 在大多數的環境抗爭中缺席，對政府公共政策的影響幾乎為零。環境 NGO 僅僅停留在宣傳環境政策法規、植樹造林、愛護野生動物等價值觀驅動型的活動中，這限制了環境 NGO 發揮更大的作用和功能。鑒於美國、日本等國家的先進經驗，在環境事務中，環境 NGO 不僅可以遊說地方政府，與政府緊密合作、保持友好關係，還可以參與環境決策的全過程。政府應該鼓勵和扶持 NGO 積極參與環境抗爭，使 NGO 在公眾和政府之間扮演紐帶角色，特別是在官民矛盾激烈時，加強官民之間的溝通與交流，充分發揮環境 NGO 的潤滑作用。

6.2.2 應對：加強政府在環境群體性事件中的網絡應對能力

6.2.2.1 加強信息公開，提升政府的公信力

環境信息公開是保障公眾知情權的基礎。在環境群體抗爭中，政府往往對環保信息不夠公開，從而引起公眾的疑慮和恐慌，然後公眾又遲遲無法得到政府的回應和告知，使得公眾對政府逐漸失去信任。當謠言四起時，環境衝突便會不斷升級。因此，在信息傳遞過程中，往往存在信息公開不夠及時、信息公開程度低的問題，這嚴重損害了政府的公信力。而良好的公信力又是政府能順利實施各項政策和實施各項工程項目的必備條件。對於如何提高政府公信力，筆者提出以下兩點建議：

第一，政府應該完善信息發布體系，及時公開環保信息。對此，筆者建議政府建立統一的信息發布平臺，在環境事務中，及時向公眾發布消息，尤其是涉及重大的、與公眾利益息息相關的信息，政府要及時披露。在新媒體傳播背景下，政府可以利用新媒體平臺，如官方微博、官方微信、政府官方網站及時傳播環境信息，在輿論中占據主導權，增進政府與公眾間的信任。

其次，加大政府信息公開的力度，消息發布不能只停留在表面。在群體抗爭中，信息來源渠道多樣，有媒體、公眾、政府以及企業等，要想保證政府發布的消息具有權威性，除了需要政府及時發布信息外，還需要做到信息內容的真實性和全面性。具體而言，一是政府發布的環保消息能夠讓公眾全面知曉項目內容、相關政策、環評結果等，從而避免在公眾消息真空期內產生謠言，使之不會擾亂公眾的情緒；二是政府應逐步建立有步驟、分階段、多點多面的信息發布機制，確保發布內容的全面性、準確性、真實性；三是對於敏感消息，政府不能過度迴避，否則會引發欲蓋彌彰的不良後果。

6.2.2.2 提升政府新媒體使用能力，建立輿情預警機制

相較於過去，新媒體以其迅速、便捷、互動等優勢能夠迅速匯聚輿論，這為地方政府的危機管理帶來新的挑戰，同時新媒體傳播的複雜性要求各級地方政府要有更強的應對能力。以論壇、微博、微信為代表的新媒體為公眾的環境抗爭提供了發布渠道，拓寬了言說路徑。為了能與公眾互動，政府需要提升新媒體的使用能力，占據輿論的制高點，構建輿情的預警機制。

首先，各級政府官員要以包容的心態看待和接納新媒體，應該從觀念上充分認識到新媒體的輿論監督功能，熟知新媒體的傳播特點與規律，把新媒體當作發布與獲取消息、掌握民意的重要平臺。同時，各級政府應該積極進駐網絡平臺，如開設官方微博、官方微信，完善官方網站，學習提升新媒體的使用技能，善於管理和運作新媒體。

其次，政府應通過各個新媒體平臺，加強與公眾的溝通、交流和互動，使得信息能及時、迅速、便捷地傳達給公眾，同時瞭解公眾的利益訴求，打通官方輿論與民間輿論的通道，隨時關注輿論動態，通過論壇、微博、微信等多種途徑第一時間收集輿情資料，在危機來臨前做好預警工作。

最後，加強輿論的議程設置能力，搶占輿論的主動權與話語權。根據前期對輿情的收集和整理，政府應及時做出反應，防止危機瘋狂蔓延，避免形成輿論風暴。

6.2.2.3 發揮傳統媒體作用，提升輿論的權威性

在環境群體抗爭中，雖然傳統媒體的部分報導優先權「讓渡」給新媒體，但傳統媒體憑藉其權威性、可靠性、深度報導等優勢仍然在環境群體抗爭的報導中發揮重要的作用。在新媒體興盛的時代，傳統媒體如何發揮作用，更好地引領輿論呢？

第一，加強深度報導。隨著網絡公民社會的崛起，往日傳統媒體的絕對主導地位開始被撼動，但傳統媒體仍在內容把關、

深度報導方面發揮重要作用。如同政府一樣，傳統媒體需要加強與新媒體的合作和融合，積極進入網絡輿論場，開設官方微博、官方微信，及早介入輿論，尋找新聞線索，對新媒體上的言論進行綜合整理，對事件進行追蹤調查和深度挖掘，肅清不實消息和言論，與網絡輿論形成互補。例如，在茂名反對 PX 項目事件中，茂名陷入了巨大的謠言「漩渦」中，以《人民日報》為代表的傳統媒體及時介入報導，經過調查和取證，呼籲公眾理性對待，抵制謠言的傳播。

第二，重構傳統媒體角色。在公眾的眼中，傳統媒體被認為是「政府的代言人」，即使為公眾代言，也是從自上而下的精英角度審視公眾，並沒有傳達真實的聲音，這在一定程度上有損傳統媒體的公信力。因此，傳統媒體應該多傾聽抗爭者的心聲，多創造平臺和機會讓抗爭者表達真實的意見與想法，把公眾的困境、質疑及訴求向外界傳達。同時，傳統媒體也將官方的進程、消息及時公布給公眾，做好內容闡釋的工作。這種政府和民眾之間的間接對話，不僅可以滿足公眾的環境信息需求，及時獲得權威、可靠的消息源，還可以拉近公眾與政府的距離，從而提升政府的公信力。

6.2.2.4 提高公眾素養，確保輿論的健康發展

公眾的素養和輿論有著密不可分的關係，而且往往主導著輿論是否能健康發展，因為正如諾依曼所說的那樣：「在公眾聚集地，民意會出現非理性的蔓延，公眾的觀念很容易被極端言論左右。」在新媒體上，由於使用人數眾多，在遇到極具敏感性的環保議題時，公眾會表現出非理性的一面，出現不少言辭激烈、情緒激動的「吐槽帖」，再經過新媒體裂變式的傳播，就會造成大面積的情緒感染、偏激式解讀，最後導致未經核實的虛假消息大肆傳播。

一方面，互聯網技術日新月異，新媒體不斷推陳出新，網

絡場域話語權的釋放造就了公眾意見的狂亂表達。公眾在自由表達觀點的同時，也應該注意媒介素養的培養，包括能夠掌握不同媒介的傳播特點和使用技巧，有效地選擇合適的媒介獲取信息[①]，用理性的態度對待新媒體產生的消息，學會甄別、思辨地看待問題，不盲從，不輕信，不轉發各種未經證實的消息。

另一方面，互聯網匿名性的特點使得話語的真實性堪憂，為了構建一個健康有序的新媒體環境，我們需要建立由政府主導，公眾積極參與的謠言監控機制。目前，新媒體傳播僅僅依靠公眾提高媒介素養，增強不實消息的鑑別能力是不能完全防止謠言滋生和增長的。新媒體應在平臺方面構建專門的闢謠平臺，一旦發現不真實的消息，就採用技術手段及時刪除帖子，防止其擴散。政府部門應該設置專門的人員進行輿論監控，如果出現謠言，要及時公布真相，通過官方網站或正規渠道進行闢謠，對於惡意散播謠言者，政府應該採取法律或行政途徑進行制止。

6.2.2.5 善用意見領袖，正確引導輿論

在前面的分析中可知，意見領袖在環境抗爭中發揮著重要的作用，甚至決定整個抗爭的走向。尤其是在新媒體傳播中，意見領袖的權威性和號召力能瞬間動員成千上萬的人，因此意見領袖的作用與影響力不可小覷。政府應該加強對意見領袖的關注，通過發揮意見領袖的作用推動整個輿論的健康發展。

第一，加強與意見領袖的合作和交流。在環境群體抗爭中，政府要充分尊重和關注在網絡中已經存在的呼聲較高的意見領袖，加強與他們的聯繫和溝通。政府應定期舉辦座談會或聽證會，邀請意見領袖參加，增進瞭解。特別是在輿論的風口浪尖

---

① 洪長暉. 新媒體變革與媒介素養——兼談廈門 PX 事件中的「短信」力量 [J]. 現代視聽, 2013 (4)：23-46.

上，政府更要加強與意見領袖的聯繫和溝通的頻率，適當地可以將有關環境項目的消息提前告知意見領袖，讓意見領袖更能全面及時地掌握事件信息。政府通過意見領袖的言論去引導輿論，充分發揮意見領袖的仲介橋樑作用，為建立政府與公眾良好的對話機制提前做好準備。

第二，加強對意見領袖的培養。政府應該培養一批擁有正確價值取向、精通網絡傳播技術與網絡語言的意見領袖，對各種「非主流的意見領袖」進行言論制衡，強化主流言論。這樣的意見領袖有別於「水軍」，而是具有深厚生活閱歷、長期關注公共事件、有著獨到見解的人群，他們善於使用公眾喜聞樂見的語言。此外，政府還應該在官方系統裡培養自己的意見領袖，如培養官員意見領袖，加強「明星」官方微博、官方微信建設，塑造意見領袖親民形象，在危機來臨時充分發揮其正面、積極的輿論引導作用。

參考文獻

［1］蕾切爾·卡遜. 寂靜的春天［M］. 鄧延陸, 譯. 長沙: 湖南教育出版社, 2009.

［2］WORLD BANK. Cost of Pollution in China: Economic Estimates of Physical Damages［R］. Washington DC: World Bank, 2007.

［3］李秦, 褚晶晶. 淺談新媒體條件下社會主義意識形態建設［J］. 出國與就業, 2011 (13): 95-96.

［4］廖祥忠. 何為新媒體?［J］. 現代傳播, 2008 (5): 121-125.

［5］邵慶海. 新媒體定義剖析［J］. 中國廣播, 2011 (3): 63-66.

［6］陸地, 高菲. 新媒體的強制性傳播研究［M］. 北京: 人民出版社, 2010.

［7］DUNLAP R E, MERTIG A G. American Environmertalism: The US Environmental Movement, 1970—1990［M］. New York: Taylor & Francis Inc. 1992.

［8］何明修. 綠色民主: 臺灣環境運動的研究［M］. 臺北: 群學出版有限公司, 2006.

［9］郇慶治. 80年代末以來的西歐環境運動: 一種定量分析［J］. 歐洲研究, 2002 (6): 75-84.

[10] DIANI MARIO. Green Networks：A Structural Analysis of the Italian Environment Movement ［M］. Edinburgh：Edinburgh University Press, 1995.

[11] 飯島伸子. 環境社會學 ［M］. 包智明, 譯. 北京：社會科學文獻出版社, 1999.

[12] 孫培軍. 運動國家：歷史和現實之間——建國60年以來中國政治發展的經驗和反思 ［J］. 理論改革. 2009（6）：29-32.

[13] 龍金晶. 中國現代環境保護的先聲 ［D］. 北京：北京大學, 2007.

[14] 顏敏. 紅與綠——當代中國環境運動考察報告 ［D］. 上海：上海大學, 2010.

[15] 覃哲. 轉型時期中國環境運動中的媒體角色研究 ［D］. 上海：復旦大學, 2012.

[16] 張玉林. 中國的環境運動 ［J］. 綠葉, 2009（11）：24-29.

[17] PETER HO. Greening without Conflict? Environmentalism, NGOs and Civil Society in China ［J］. Development and Change, 2010, 32（5）：893-921.

[18] 張金俊. 國外環境抗爭研究述評 ［J］. 學術界, 2011（9）：223-231.

[19] 中國行政管理學會課題組. 中國轉型期群體性突發事件主要特點、原因和政府對策研究 ［J］. 中國行政管理, 2002（5）：6-9.

[20] TARROW SIDNEY. Power in Movement：Social Movements and Contentious Politics ［M］. Cambridge：Cambridge University Press, 1994.

[21] CUTTER S, L RACE. Class and Environmental Justice ［J］. Progress in Human Geography, 1995（19）：111-122.

[22] 滕海鍵. 20世紀八九十年代美國的環境正義運動 [J]. 河南師範大學學報（哲學社會科學版），2007（6）：143-147.

[23] METZGER R, et al. Environmental Health and Hispanic Children [J]. Environmental Health Perspectives, 1995 (103): 25-32.

[24] EVANS D, et al. Awareness of Environmental Risks and Protective Actions among Minority Women in Northern Manhattan [J]. Environmental Health Perspectives, 2002 (110): 271-275.

[25] LOPEZ R. Segregation and Black/White Differences in Exposure to Air Toxics in 1990 [J]. Environmental Health Perspectives, 2002 (100): 289-295.

[26] HARMON M P, COE K. Cancer Mortality in US Counties with Hazardous Waste sites [J]. Population and Environment, 1993 (14): 463-480.

[27] MOHAI P, SAHA R. Historical Context and Hazardous Waste Facility Siting: Understanding Temporal Patterns in Michigan [J]. Social Problems, 2005 (52): 618-648.

[28] BULLARD R D. Enviromental Justice in the 21st Century: Race Still Matters [J]. Phylon, 2001 (49): 151-171.

[29] BULLARD R D. Confronting Environmental Racism: Voices from the Grassroots [M]. Boston: South End Press, 1993.

[30] CAPEK S M. The「Environmental Justice」Frame: A Conceptual Discussion and an Application [J]. Social Problems, 1993 (40): 5-24.

[31] JACKMAN M R, JACKMAN R W. Class Awareness in the United States [M]. Berkeley: University of California Press, 1983: 48-50, 187.

[32] SHELDON KRIMSKY, ALONZO PLOUGH. Environmental hazards: Communicating Risks as A Social Process [M]. Au-

burn：Auburn House，Publishing Company，1988.

［33］ANDERS HANSEN. The Mass Media and Environ-mental Issues［M］. Leicester：Leicester University Press，1993.

［34］CRAIG L LAMAY, EVERETTE E DENNIS. Media and the Environment［M］.［s. l.］：Eland Press，2000.

［35］吉特林. 新左派運動的媒介鏡像［M］. 胡正榮，張銳，譯. 北京：華夏出版社，2007.

［36］克里斯托弗·盧茨. 西方環境運動：地方、國家和全球向度［M］. 徐凱，譯. 濟南：山東大學出版社，2005.

［37］張金俊. 國內農民環境維權研究：回顧與前瞻［J］. 天津行政學院學報，2012（2）：44-49.

［38］VAUGHAN E, NORDENSTAM B. The Perception of Environmental Risks Among Ethnically Diverse Groups［J］. Journal of Cross-Cultural Psychology，1991（22）：29-60.

［39］艾爾東·莫里斯，卡洛爾·麥克拉吉·繆勒. 社會運動理論的前沿領域［M］. 劉能，譯. 北京：北京大學出版社，2002.

［40］WHITE L. The Historical Roots of Our Ecological Crisis［J］. Science. 1967（155）：1203-1207.

［41］盧雲峰. 華人社會中的宗教與環保初探［J］. 學海，2009（3）：40-46.

［42］WOLKOMIR, et al. Substantive Religious Belief and Environmentalism［J］. Social Science Quarterly，1997（78）：96-108.

［43］FREEMAN M R. Issues Affecting Subsistence Security in Arctic Societies［J］. Arctic Anthropology，1997（34）：7-17.

［44］李連江，歐博文. 當代中國農民的依法抗爭［M］// 吳國光. 九七效應. 香港：太平洋世紀研究所，1997.

［45］於建嶸. 當前農民維權活動的一個解釋框架［J］. 社

會學研究, 2004 (2): 49-55.

[46] 陳鵬. 當代中國城市業主的法權抗爭: 關於業主維權活動的一個分析框架 [J]. 社會學研究, 2010 (1): 38-67.

[47] 董海軍.「作為武器的弱者身分」: 農民維權抗爭的底層政治 [J]. 社會, 2008 (4): 34-58.

[48] 應星.「氣場」與群體性事件的發生機制: 兩個個案的比較 [J]. 社會學研究, 2009 (6): 105-121.

[49] 折曉葉. 合作與非對抗性抵制——弱者的韌武器 [J]. 社會學研究, 2008 (3): 1-28.

[50] 王洪偉. 當代中國底層社會「以身抗爭」的效度和限度分析: 一個「艾滋村民」抗爭維權的啟示 [J]. 社會, 2010 (2): 215-234.

[51] 張磊. 業主維權運動: 產生原因及動員機制——對北京市幾個小區個案的考查 [J]. 社會學研究, 2005 (6): 1-39.

[52] 張玉林. 中國農村環境惡化與衝突加劇的動力機制 [M] //吳敬璉, 江平. 洪範評論: 第九輯. 北京: 中國法制出版社, 2007.

[53] 童志鋒. 政治機會結構變遷與農村集體行動的生成——基於環境抗爭的研究 [J]. 理論月刊, 2013 (3): 161-165.

[54] 朱海忠. 政治機會結構與農民環境抗爭——蘇北N村鉛中毒事件的個案研究 [J]. 中國農業大學學報 (社會科學版), 2013 (1): 102-110.

[55] GUOBIN Y. Environmental NGOs and Institutional Dynamics in China [J]. The China Quarterly, 2005 (181): 46-66.

[56] MATSUZAWA S. Citizen Environmental Activism in China: Legitimacy, Alliances, and Rights-based Discourses [J]. Asia Network Exchange, 2012 (2): 81-91.

[57] P HO, R L EDMONDS. Perspectives of Time and

Change：Rethinking Embedded Environmental Activism in China [J]. China Information, 2007, 21 (2)：331-344.

［58］陳占江, 包智明. 制度變遷、利益分化與農民環境抗爭——以湖南省 X 市 Z 地區為個案 [J]. 中央民族大學學報（哲學社會科學版）, 2013 (4)：50-61.

［59］郇慶治.「政治機會結構」視角下的中國環境運動及其戰略選擇 [J]. 南京工業大學學報（社會科學版）, 2012 (4)：28-35.

［60］YANHUA DENG, GUOBIN YANG. Pollution and Protest in China：Environmental Mobilization in Context [J]. The China Quarterly, 2013：214, 321-336.

［61］王全權, 陳相雨. 網絡賦權與環境抗爭 [J]. 江海學刊, 2013 (4)：101-107.

［62］朱偉, 孔繁斌. 中國毗鄰運動的發生邏輯——一個解釋框架及其運用 [J]. 行政論壇, 2014 (3)：67-73.

［63］姚聖, 程娜, 武楊若楠. 環境群體事件：根源、遏制與杜絕 [J]. 中國礦業大學學報（社會科學版）, 2014 (1)：98-103.

［64］景軍. 認知與自覺：一個西北鄉村的環境抗爭 [J]. 中國農業大學學報（社會科學版）, 2009 (4)：5-14.

［65］熊易寒. 市場「脫嵌」與環境衝突 [J]. 讀書, 2007 (9)：17-19.

［66］張樂, 童星.「鄰避」行動的社會生成機制 [J]. 江蘇行政學院學報, 2013 (1)：64-70.

［67］劉春燕. 中國農民的環境公正意識與行動取向——以小溪村為例 [J]. 社會, 2012 (1)：174-196.

［68］周志家. 環境保護、群體壓力還是利益波及——廈門居民 PX 環境運動參與行為的動機分析 [J]. 社會, 2011 (1)：1-34.

[69] 童志鋒. 認同建構與農民集體行動——以環境抗爭事件為例 [J]. 中共杭州市委黨校學報, 2011 (1): 74-80.

[70] 劉能. 怨恨解釋、動員結構和理性選擇——有關中國都市地區集體行動發生可能性的分析 [J]. 開放時代, 2004 (4): 57-70.

[71] 孟軍, 鞏漢強. 環境污染誘致型群體性事件的過程——變量分析 [J]. 寧夏黨校學報, 2010, 12 (3): 90-93.

[72] 孟衛東, 佟林杰.「鄰避衝突」引發群體性事件的演化機理與應對策略研究 [J]. 吉林師範大學學報 (人文社會科學版), 2013, 41 (4): 68-70.

[73] 彭小兵, 朱沁怡. 鄰避效應向環境群體性事件轉化的機理研究——以四川什邡事件為例 [J]. 上海行政學院學報, 2014 (6): 78-89.

[74] 張孝廷. 環境污染、集體抗爭與行動機制：以長三角地區為例 [J]. 甘肅理論學刊, 2013 (2): 21-26.

[75] 何豔玲.「中國式」鄰避衝突：基於事件的分析 [J]. 開放時代, 2009 (12): 102-114.

[76] 墨紹山. 環境群體事件危機管理：發生機制及干預對策 [J]. 西北農林科技大學學報 (社會科學版), 2013 (5): 145-151.

[77] 童志鋒. 變動的環境組織模式與發展的環境運動網絡——對福建省P縣一起環境抗爭運動的分析 [J]. 南京工業大學學報 (社會科學版), 2014 (1): 86-93.

[78] 邱家林. 環境風險類群體性事件的特點、成因及對策分析 [D]. 長春：吉林大學, 2012.

[79] 餘光輝. 陶建軍, 袁開國, 等. 環境群體性事件的解決對策 [J]. 環境保護, 2010 (19): 29-31.

[80] 張華, 王寧. 當前中國涉環境群體性事件的特徵、成因

與應對思考 [J]. 中共濟南市委黨校學報, 2010 (3): 79-82.

[81] 程雨燕. 環境群體性事件的特點、原因及其法律對策 [J]. 廣東行政學院報, 2007 (4): 46-49.

[82] 馮仕政. 沉默的大多數: 差序格局與環境抗爭 [J]. 中國人民大學學報, 2007 (1): 122-132.

[83] 石發勇. 關係網絡與當代中國基層社會運動——以一個街區環保運動個案為例 [J]. 學海, 2005 (3): 76-88.

[84] 張玉林. 環境與社會 [M]. 北京: 清華大學出版社, 2013.

[85] 羅亞娟. 鄉村工業污染中的環境抗爭——東井村個案研究 [J]. 學海, 2010 (2): 91-97.

[86] 陳曉運, 段然. 遊走在家園與社會之間: 環境抗爭中的都市女性——以 G 市市民反對垃圾焚燒發電廠建設為例 [J]. 開放時代, 2011 (9): 131-147.

[87] 李晨璐, 趙旭東. 群體性事件中的原始抵抗——以浙東海村環境抗爭事件為例 [J]. 社會, 2012 (5): 179-193.

[88] 曾繁旭, 黃廣生, 劉黎明. 運動企業家的虛擬組織: 互聯網與當代中國社會抗爭的新模式 [J]. 開放時代, 2013 (3): 168-187.

[89] SHEMTOV R. Social Networks & Sustained Activism in Local NIMBY Campaigns [J]. Sociological Forum, 2003 (2): 215-244.

[90] 俞可平. 治理與善治 [M]. 北京: 社會科學文獻出版社, 2000.

[91] KENNETH LIEBERTHAL. China's Governing System and Its Impact on Environmental Policy Implementation [J]. China Environment Series, 1997 (1): 3-8.

[92] 李萬新, 埃里克·祖斯曼. 從意願到行動: 中國地方環保局的機構能力研究 [J]. 環境科學研究, 2006 (19): 21-27.

[93] 冉冉.「壓力型體制」下的政治激勵與地方環境治理

[J]. 經濟社會體制比較, 2013 (3)：111-118.

[94] 張謙元. 農村環境治理與法制協調 [J]. 甘肅環境研究與監測, 1993, 6 (1)：39-40.

[95] 張純元. 試論環境治理與觀念更新 [J]. 西北人口, 1993 (4)：1-5.

[96] 鄭思齊, 萬廣華, 孫偉增, 等. 公眾訴求與城市環境治理 [J]. 管理世界, 2013 (6)：72-84.

[97] 唐任伍, 李澄. 元治理視閾下中國環境治理的策略選擇 [J]. 中國人口資源與環境, 2014 (2)：18-22.

[98] 曲建平, 應培國. 環境污染引發的群體性事件成因及解決路徑 [J]. 公安學刊, 2011 (5)：24-28.

[99] 廖奕. 環境抗爭與法權博弈——什邡事件學理觀察 [EB/OL]. (2013-01-29) [2017-07-30]. blog.sina.com.cn/s/blog_4adae4790101a74.html.

[100] 朱清海, 宋濤. 環境正義視角下的鄰避衝突與治理機制 [J]. 湖北省社會主義學院學報, 2013 (4)：70-74.

[101] 譚爽, 胡象明. 環境污染型鄰避衝突管理中的政府職能缺失與對策分析 [J]. 北京社會科學, 2014 (5)：37-42.

[102] 商磊. 由環境問題引起的群體性事件發生成因及解決路徑 [J]. 首都師範大學學報 (社會科學版), 2009 (5)：126-130.

[103] 湯京平. 鄰避性環境衝突管理的制度與策略 [J]. 政治科學論叢, 1999 (6)：355-382.

[104] 熊炎. 鄰避型群體性事件的實例分析與對策研究——以北京市為例 [J]. 北京行政學院學報, 2011 (3)：41-43.

[105] 湯匯浩. 鄰避效應：公益性項目的補償機制與公民參與 [J]. 中國行政管理, 2011 (7)：111-114.

[106] LYNCH M. After Egypt: The Limits and Promise of On-line Challenges to the Authoritarian Arab state [J]. Perspectives on

Politics, 2011, 9 (2): 301-310.

[107] GARRETT R KELLY. Protest in an Information Society: A Review of Literature on Social Movements and New ICTs [J]. Information, Communication & Society, 2006, 9 (2): 202-224.

[108] 包智明, 陳占江. 中國經驗的環境之維: 向度及其限度——對中國環境社會學研究的回顧與反思 [J]. 社會學研究, 2011 (6): 196-210.

[109] LEIZEROV S. Privacy Advocacy Groups Versus Intel: A Case Study of How Social Movements are Tactically Using the Internet to Fight Corporations [J]. Social Science Computer Review, 2000 (18): 461-483.

[110] MYERS DANIEL. The Diffusion of Collective Violence: Infectiousness, Susceptibility, and Mass Media Networks [J]. Journal of Sociology, 2000, 106 (1): 173-208.

[111] BIMBER BRUCE. The Study of Information Technology and Civic Engagement [J]. Political Communication, 2000, 17 (4): 329-333.

[112] HAMPTON KEITH N. Grieving for a Lost Network: Collective Action in A Wired Suburb [J]. Information Society, 2003, 19 (5): 417-428.

[113] XENOS MICHAEL, PATRICIA MOY. Direct and Differential Effects of the Internet on Political and Civic Engagement [J]. Journal of Communication, 2007, 57 (4): 704-718.

[114] WANG SONG-IN. Political Use of the Internet, Political Attitudes and Political Participation [J]. Asian Journal of Communication, 2007, 17 (4): 381-395.

[115] YEICH SUSAN, RALPH LEVINE. Political Efficacy: Enhancing the Construct And Its Relationship to Mobilization of People

[J]. Journal of Community Psychology, 1994, 22 (3): 259-271.

[116] CRAIG STEPHEN C, MICHAEL A MAGGIOTTO. Political Discontent and Political Action [J]. The Journal of Politics, 1981, 43 (2): 514-522.

[117] 胡泳. 眾聲喧嘩: 網絡時代的個人表達與公共討論 [M]. 桂林: 廣西師範大學出版社, 2008.

[118] AYRES JEFFREY M. From the Streets to the Internet: The Cyber-Diffusion of Contention [J]. The Annals of The American Academy of Political and Social Science, 1999 (1): 132-143.

[119] SCOTT ALAN, JOHN STREET. From Media Politics to E-protest [J]. Information, Communication & Society, 2000, 3 (2): 215-240.

[120] DINAI M, P R DONATI. Organizational Change in Western European Environmental Groups: A Framework for Anaylsis [J]. Environmental Politics, 1999, 8 (1): 13-34.

[121] KAVANAUGH, ANDREA L, et al. Weak Ties in Networked Communities [J]. The Information Society, 2005 (21): 119-131.

[122] KUTNER L. Environmental Activism and the internet [J]. Electronic Green Journal, 2015 (12).

[123] MYERS DANIEL J. The Diffusion of Collective Violence: Infectiousness, Susceptibility, and Mass Media Networks [J]. American Journal of Sociology, 2006, 106 (1): 173-208.

[124] DONK W V D, LOADER B D, NIXON P G, et al. Cyberprotest: New Media, Citizens and Social Movements [M]. London: Routledge, 2004.

[125] GURAK L, LOGIE J. Internet Protest, from Text to Web [M] //MCCAUGHEY, M AYERS. Cyber Activism: Online Activism in Theory and Practice. New York: Routlege, 2005: 26-235.

[126] L J DAHLBERG. Extending the Public Sphere through Cyberspace: The Case of Minnesota E-democracy [J]. First Monday, 2001, 6 (3).

[127] 陳濤. 中國的環境抗爭: 一項文獻研究 [J]. 河海大學學報 (哲學社會科學版), 2014 (1): 33-43.

[128] 童志鋒. 互聯網、社會媒體與中國民間環境運動的發展 (2003—2012) [J]. 社會學評論, 2013 (4): 52-62.

[129] 郭小平.「鄰避衝突」中的新媒體、公民記者與環境公民社會的「善治」[J]. 國際新聞界, 2013, 35 (5): 52-61.

[130] 周裕瓊, 蔣小甡. 環境抗爭的話語建構、選擇與傳承 [J]. 深圳大學學報 (人文社會科學版), 2014 (3): 131-140.

[131] 徐迎春. 環境傳播對中國綠色公共領域的建構與影響研究 [D]. 杭州: 浙江大學, 2012.

[132] 查爾斯·蒂利, 西德尼·塔羅. 抗爭政治 [M]. 李義中, 譯. 南京: 譯林出版社, 2010: 15.

[133] 裴宜理. 社會運動理論的發展 [J]. 閻小駿, 譯. 當代世界社會主義問題, 2006 (4): 3-12.

[134] 謝岳, 曹開雄. 集體行動理論化系譜: 從社會運動理論到抗爭政治理論 [J]. 上海交通大學學報 (哲學社會科學版), 2009 (3): 13-20.

[135] MYER D, TARROW S. A Social Movement Society: Contentions Politics for a New Century [M] //MYER D, TARROW S. The Social Movement Society: Contentious Politics for a New Century. Lanham: Rowman & Littlefield Publishers, 1998.

[136] 馮仕政. 西方社會運動研究: 現狀與範式 [J]. 國外社會科學, 2003 (5): 66-70.

[137] 王瑾. 西方社會運動研究理論述評 [J]. 國外社會科學, 2006 (2): 45-52.

[138] GUSTAVE LEBON. The Crowd: A Study of the Popular Mind, Marietta [M]. Georgia: Larlin, 1982.

[139] HERBERT BLUMER. Elementary Collective Behavior [M] //ALFRED MCCLUNG LEE. New Outline of the Principles of Sociology. New York: Barnes & Noble, Inc., 1946: 170-177.

[140] T R GURR. Why Men Rebel [M]. Princeton: Princeton University Press, 1970.

[141] MANCUR OLSON. The Logic of Collective Action [M]. Cambridge: Cambridge University Press, 1965

[142] OBERSCHALL ANTHONY. Social Conflict and Social Movements [M]. NJ: Prentice-Hall, 1973.

[143] JOHN D MCCARTHY, MAYER N ZALD. The Trend of Social Movement in America: Professionalization and Resource Mobilization, Morristown [M]. N J: General Learning Corporation, 1973.

[144] WILLIAM KORNHAUSER. The Politics of Mass Society [M]. New York: Free Press, 1959.

[145] D MCADAM. Political Process and the Development of Black Insurgency 1930—1970 [M]. Chicago: University of Chicago Press, 1982.

[146] SIDNEY TARROW. Power in Movement [M]. Cambridge: Cambridge University Press, 1994.

[147] PETER K EISINGER. The Conditions of Protest Behavior in American Cities [J]. American Political Science Review, 1973 (3): 11-28.

[148] MCADAM D. Political Process and the Development of Black Insurgency, 1930—1970 [M]. Chicago: University of Chicago Press, 1982.

[149] CHARLES TILLY. The Formation of National States in

Western Europe [M]. Princeton：Princeton University Press，1975.

[150] C TILLY. From Mobilization to Revolution [M]. Reading，Mass：Addison-Wesley，1978.

[151] 湯普森. 英國工人階級的形成 [M]. 錢乘旦，等，譯. 南京：譯林出版社，2001.

[152] JERRY LEE LEMBCKE. Labor History [J]. Science & Society，1995，59（2）：137-173.

[153] KLANDERMANS BERT. The Social Psychology of Protest [M]. Cambridge：Blackwell Publishers，1997.

[154] ERVING GOFFMAN. Frame Analysis [M]. NewYork：Harper & Row Publisher，1974.

[155] EISINGER P. The Conditions of Protest Behavior in American Cities [J]. American Political Science Review，1973（3）：81.

[156] 曲格平，彭近新. 環境覺醒 [M]. 北京：中國環境科學出版社，2010.

[157] 國家環境總局保護總局，中共中央文獻研究室. 新時期環境保護重要文獻選編 [M]. 北京：中國環境科學出版社，2001.

[158] 趙永康. 環境糾紛案例 [M]. 北京：中國環境科學出版社，1989.

[159] 洪大用. 社會變遷與環境問題 [M]. 北京：首都師範大學出版社，2001.

[160] 洪大用. 中國民間環保力量的成長 [M]. 北京：中國人民大學出版社，2007.

[161] 趙凌. 國內首份信訪報告獲高層重視 [N]. 南方週末，2004-11-04.

[162]《中國環境年鑒》編委會. 中國環境年鑒 [M]. 北京：中國環境科學出版社，2003.

[163] 陸學藝, 李培林, 陳光金. 2013年中國社會形勢分析與預測 [M]. 北京: 中國社會科學出版社, 2013.

[164] 王姝. 中國環境群體事件年均遞增29%, 司法解決不足1% [N]. 新京報, 2012-10-27 (5).

[165] 劉能. 當代中國轉型社會中的集體行動: 對過去三十年間三次集體行動浪潮的一個回顧 [J]. 學海, 2009 (4): 146-152.

[166] 鐘明春, 徐剛. 地方政府在農村環境治理中的經濟學分析——以福建Z集團環境污染事件為例 [J]. 襄樊學院學報, 2012, 33 (1): 37-42.

[167] 王冠, 王瑋, 謝菁菁. 鄉村工業污染下環境抗爭性事件研究——基於安徽省A市L鎮村民的訪談 [J]. 法制與社會, 2012 (27): 218-219.

[168] 朱海忠. 污染危險認知與農民環境抗爭——蘇北N村鉛中毒事件的個案分析 [J]. 中國農村觀察, 2012 (4): 44-51.

[169] 李永政, 王李霞. 鄰避型群體性事件實例分析 [J]. 人民論壇, 2014 (2): 55-57.

[170] 張玉林. 政經一體化開發機制與中國農村的環境衝突 [J]. 探索與爭鳴, 2006 (5): 26-28.

[171] 閻世輝. 建設資源節約和環境友好型社會型社會 [M] // 戴汝信, 等. 中國社會形勢分析與預測. 北京: 社會科學文獻出版社, 2006.

[172] 陳友華. 經濟增長方式、人口增長與中國的資源環境問題 [J]. 探索與爭鳴, 2011 (7): 46-50.

[173] GUHA RAMACHANDRA, JUAN MARTINEZ-ALIER: Varieties of Environmentalism: Essays North and South [M]. London: Earthscan, 1997.

[174] 於建嶸. 當前中國群體性事件的主要類型及其基本特徵 [J]. 中國政法大學學報, 2009: 112-120.

[175] SMELSER NEIL. Theory of collective behavior [M]. New York: Free Press, 1962.

[176] 童克難, 高楠. 深入開展環境污染損害鑒定評估 [N]. 中國環境報, 2013-08-28.

[177] 陶鵬, 童星. 鄰避型群體性事件及其治理 [J]. 南京社會科學, 2010 (8): 63-68.

[178] 安東尼·吉登斯. 失控的世界: 全球化如何重塑我們的生活 [M]. 周紅雲, 譯. 南昌: 江西人民出版社, 2001.

[179] 謝瑋. 中核集團董事長孫勤: 適時啓動內陸核電站對長期發展有利 [N]. 中國經濟週刊, 2015-03-24.

[180] 蘇琳. 垃圾焚燒發電優勢明顯, 選址問題頻頻引發「鄰避」事件 [N]. 經濟日報, 2015-02-13.

[181] 周銳. 中國「重金屬污染」去年致4,035人血鉛超標 [N]. 中國新聞網, 2010-01-25.

[182] 葉鐵橋. 重金屬污染事件頻發, 綜合防治已有規劃 [N]. 中國青年報, 2012-02-01.

[183] 何光偉. 特別報導: 中國面臨土壤修復挑戰 [N]. 中外對話, 2014-07-14.

[184] 孫立平. 城鄉之間的新二元結構與農民工流動 [M] // 李培林. 農民工: 中國進城農民工的經濟社會分析. 北京: 社會科學文獻出版社, 2003: 155.

[185] 歐文·戈夫曼. 污名: 受損身分管理札記 [M]. 宋立宏, 譯. 北京: 商務印書館, 2009.

[186] 童志鋒. 歷程與特點: 社會轉型期下的環境抗爭研究 [J]. 甘肅理論學刊, 2008 (6): 85-90.

[187] 馮潔, 汪韜. 開窗: 求解環境群體性事件 [N]. 南方週末, 2012-11-29.

[188] 蕾切爾·卡森. 寂靜的春天 [M]. 呂瑞蘭, 李長生,

譯. 上海：上海譯文出版社, 2007.

［189］黃興華. 湖南瀏陽鎘污染事件反思：需建立干群互信機制［N］. 新聞周刊, 2009-08-12.

［190］新京報. 茂名 PX 事件前 31 天還原：政府宣傳存瑕疵激化矛盾［N］. 新京報, 2013-04-05.

［191］DOUG MCADAM. Political Process and the Development of Black Insurgency, 1930—1970［M］. Chicago：University of Chicago Press, 1999.

［192］譚黎. 業主認同的建構與強化——以 B 市 R2 小區維權運動為線索［J］. 中國農業大學學報（社會科學版）, 2009 (4)：94-103.

［193］LEON FESTINGER. A Theory of Social Comparison Processes［J］. Human Relations, 1954 (7)：117-140.

［194］維爾塔·泰勒, 南茜·E. 維提爾. 社會運動社區中的集體認同感——同性戀女權主義的動員［M］. 劉能, 譯. 北京：北京大學出版社, 2002.

［195］李東泉, 李婧. 從「阿蘇衛事件」到《北京市生活垃圾管理條例》出抬的政策過程分析：基於政策網絡的視角［J］. 國際城市規劃, 2014 (1)：30-35.

［196］謝菁菁, 王瑋, 王冠, 等. 在應對農村環境污染抗爭事件中政府行為的反思——以安徽省 A 市 L 鎮環境抗爭性事件為例［J］. 改革與開放, 2012 (10)：35-36.

［197］曼瑟爾·奧爾森. 集體行動的邏輯［M］. 陳鬱, 等, 譯. 上海：上海三聯書店, 1995.

［198］趙鼎新. 社會與政治運動講義［M］. 北京：社會科學文獻出版社, 2006.

［199］朱力, 曹振飛. 結構箱中的情緒共振：治安型群體性事件的發生機制［J］. 社會科學研究. 2011 (4)：83-89.

[200] 於建嶸. 社會泄憤事件中群體心理研究：對「瓮安事件」發生機制的一種解釋 [J]. 北京行政學院學報, 2009 (1)：1-5.

[201] 王金紅, 黃振輝. 中國弱勢群體的悲情抗爭及其理論解釋：以農民集體下跪事件為重點的實證分析 [J]. 中山大學學報（社會科學版）, 2002 (1)：152-164.

[202] 楊國斌. 連線力：中國網民在行動 [M]. 鄧燕華, 譯. 桂林：廣西師範大學出版社, 2013.

[203] 陳頎, 吳毅. 群體性事件的情感邏輯：以 DH 事件為核心案例及其延伸分析 [J]. 社會, 2014, 34 (1)：75-103.

[204] 麥克亞當. 鬥爭的動力 [M]. 李義中, 屈平, 譯. 南京：譯林出版社, 2006.

[205] 漢尼根. 環境社會學 [M]. 2 版. 洪大用, 等, 譯. 北京：中國人民大學出版社, 2009.

[206] 胡寶林, 湛中樂. 環境行政法 [M]. 北京：中國人事出版社, 1993.

[207] 李興旺, 寧琛, 劉鑫. 艱難推進中的環境維權 [M] //梁從誡. 環境綠皮書（2005）——中國的環境危局與突破. 北京：社會科學文獻出版社, 2006：64.

[208] 郭於華. 弱者的武器與隱藏的文本——研究農民反抗的底層視角 [J]. 讀書, 2002 (7)：11-18.

[209] 西德尼·塔羅. 運動中的力量：社會運動與鬥爭政治 [M]. 吳慶宏, 譯. 南京：譯林出版社, 2005.

[210] 曾繁旭, 鐘智錦, 劉黎明. 中國網絡事件的行動劇目——基於 10 年數據的分析 [J]. 新聞記者, 2014 (8)：71-78.

[211] HOGWOOD W BRIAN, B GUY PETERS. Policy Dynamics [M]. N Y: St. Martin's Press, 1983.

[212] 楊代福. 西方政策變遷研究：三十年回顧 [J]. 國家

行政學院學報，2007（4）：104-108.

［213］曹陽，樊弋滋，彭蘭. 網絡集群的自組織特徵——以「南京梧桐樹事件」的微博維權為個案［J］. 南京郵電大學學報（社會科學版），2011（13）：1-10, 34.

［214］鄭旭濤. 預防式環境群體性事件的成因分析——以什邡、啓東、寧波事件為例［J］. 東南學術，2013（3）：23-29.

［215］劉能. 當代中國群體性集體行動的幾點理論思考——建立在經驗案例之上的觀察［J］. 開放時代，2008（3）：110-125.

［216］LINDEN, ANNETTE, BERT KLANDERMANS. Stigmatization and Repression of Extreme-right Activism in the Netherlands [J]. Mobilization, 2006, 11 (2): 213-228.

［217］STERN RACHEL E, JONATHAN HASSID. Amplifying Silence: Uncertainty and Control Parables in Contemporary China [J]. Comparative Political Studies, 2012 (10): 1-25.

［218］DELLA PORTA, DONATELLA, HERBERT REITER. Policing Protest: The Control of Mass Demonstrations in Western Democracies [M]. London: University of Minneasota Press, 1998.

［219］CUNNINGHAM DAVID. Surveillance and Social Movements: Lenses on the Repression-mobilization Nexus [J]. Contemporary Sociology, 2007, 36 (2): 120-125.

［220］定明捷.「政策執行鴻溝現象」的內生機制解析［J］. 江蘇社會科學，2008（1）：61-66.

［221］中國企業管理研究會，中國社會科學院管理科學研究中心. 中國企業社會責任報告［M］. 北京：中國財政經濟出版社，2006.

［222］龐皎明. 公司責任：陷阱還是餡餅？［N］. 中國經濟時報，2006-02-22.

[223] 李松林. 企業環保違法屢罰不改如何破局 [EB/OL]. (2015-04-02) [2017-07-30]. http://news.xinhuanet.com/fortune/2015-04/02/c_127649053.html.

[224] WANG D T, CHEN W Y. Foreign Direct Investment, Institutional Development, and Environmental Externalities: Evidence from China [J]. Journal of Environmental Management, 2014, 135: 81-90.

[225] 查爾斯·蒂利. 社會運動 1768—2004 [M]. 胡位均, 譯. 上海: 上海世紀出版集團, 上海人民出版社, 2009.

[226] 周瑞金. 新意見階層在網上崛起 [J]. 炎黃春秋, 2009 (3): 52-57.

[227] 喻國明. 「渠道霸權」時代的終結——兼論未來傳媒競爭的新趨勢 [J]. 當代傳播, 2004 (6): 115.

[228] 沃爾特·李普曼. 輿論學 [M]. 北京: 華夏出版社, 1989: 240.

[229] 付亮. 網絡維權運動中的動員 [D]. 合肥: 安徽大學, 2010.

[230] 朱謙. 公眾環境保護權利構造 [M]. 北京: 知識產權出版社, 2009.

[231] 吳滿昌. 公眾參與環境影響評價機制研究——對典型環境群體性事件的反思 [M]. 昆明理工大學學報 (社會科學版), 2013, 13 (4): 18-29.

[232] 熊文蕙. 網絡與傳統媒體的競爭——新世紀媒體的發展現狀研究 [J]. 湖北成人教育學院學報, 2001 (6): 23-26.

[233] 尼葛洛龐帝. 數字化生存 [M]. 胡泳, 範海燕, 譯. 海口: 海南出版社, 1997.

[234] 哈貝馬斯. 公共領域的結構轉型 [M]. 曹衛東, 等, 譯. 上海: 學林出版社, 1999: 187-205.

［235］尹明．網絡輿論與社會輿論的互動形式［J］．青年記者，2009（1）：26．

［236］童志鋒．互聯網社會媒體與中國民間環境運動的發展［J］．社會學評論，2013（4）：52-62．

［237］吳麟．論新聞媒體與公共領域的構建——以「圓明園事件」報導為例［J］．山東省廣播電視學校學報，2006（1）：15-18．

［238］YANG GUOBIN. Weaving A Green Web: The Internet and Environmental activism in China［J］. China Environment, 2003 (6): 89-93．

［239］祝華新，單學剛，胡江春．2008年中國互聯網輿情分析報告［M］//汝信，陸學藝，李培林．2009年中國社會形勢分析與預測．北京：社會科學文獻出版社，2008．

［240］匡文波．手機媒體概論［M］．北京：中國人民大學出版社，2006．

［241］劉曉雯．無線廣告的金礦有多大［J］．投資北京，2006，（11）：42-43．

［242］夏季風．廈門PX項目與廈門公民［EB/OL］．(2008-01-18)［2017-07-30］．http://www.bjdxygmc.com/91171.html．

［243］曾繁旭，蔣志高．廈門市民與PX的PK戰［EB/OL］．(2007-12-28)［2017-07-30］．http://news.sina.com.cn/c/2007-12-28/173414624557.shtml．

［244］盧家銀，孫旭培．新媒體在地方治理中的作用——以廈門PX事件為例［J］．湖南大眾傳媒職業技術學院學報，2008（3）：10-14．

［245］中國互聯網絡信息中心（CNNIC）．第31次中國互聯網絡發展狀況統計報告［EB/OL］．(2014-03-05)［2017-07-30］．https://www.cnnic.net.cn/hlwfzyj/hlwxzbg/hlwtjbg/201403/

t20140305_46239.htm.

［246］新華輿情.四川什邡事件輿情分析［EB/OL］.（2013-10-23）［2017-07-30］.http://news.xinhuanet.com/yuqing/2013-10/23/c_125585811_2.htm.

［247］安德魯·查德威克.互聯網政治學：國家、公民與新傳播技術［M］.任孟山，譯.北京：華夏出版社，2010.

［248］左鵬.基於社交網絡的輿論成長與引導研究——以什邡事件為例［J］.北京科技大學學報（社會科學版），2013（3）：46-50.

［249］李未檸.2014中國網絡輿論生態環境分析報告［EB/OL］.（2014-12-25）［2017-07-30］.http://news.xinhuanet.com/newmedia/2014-12/25/c_1113781011.htm.

［250］廖豐.微信用戶數量大增——騰訊盈利122億同比增58%［EB/OL］.（2014-08-15）［2017-07-30］.http://media.people.com.cn/n/2014/0815/c40606-25470311.html.

［251］觀察者.廣東茂名回應市民反PX項目示威遊行［EB/OL］.（2014-03-31）［2017-07-30］.http://www.guancha.cn/society/2014_03_31_218175.shtml.

［252］東方早報.茂名PX風波始末：宣傳戰擋不住恐慌的腳步［EB/OL］.（2014-04-01）［2017-07-30］.http://news.e23.cn/content/2014-04-01/2014040100297_2.html.

［253］新京報.茂名PX事件前31天還原：政府宣傳存瑕疵激化矛盾［EB/OL］.（2014-04-05）［2017-07-30］.http://money.163.com/14/0405/07/9P25E6F700253B0H_all.html.

［254］LEIZEROV S.Privacy Advocacy Groups Versus Intel：A Case Study of How Social Movements are Tactically Using the Internet to Fight Corporations［J］.Social Science Computer Review，2000（18）：461-483.

[255] HAMPTON KEITH N. Grieving for a Lost Network: Collective Action in a Wired Suburb Special Issue: ICTs and community networking [J]. Information Society, 2003, 19 (5): 417-428.

[256] VAN LAER, J P VANAELST. Internet and Social Movement Action Repertoires: Opportunities and Limitations [J]. Information, Communication & Society, 2010 (8): 1146-1171.

[257] KELLY GARRETT. Protest in an Information Society: A review of literature on soclal movements and the new ICTs. [J]. Information, Communication&Society, 2006 (2): 202-224.

[258] 邱林川. 手機公民社會: 全球視野下的菲律賓、韓國比較分析 [M] //邱林川, 陳韜文. 新媒體事件研究. 北京: 中國人民大學出版社, 2009: 291-310.

[259] MYERS DANIEL J. The Diffusion of Collective Violence: Infectiousness, Susceptibility, and Mass Media Networks [J]. American Journal of Sociology, 2000, 106 (1): 173-208.

[260] 戴佳, 曾繁旭, 黃碩. 環境陰影下的謠言傳播: PX 事件的啟示 [J]. 中國地質大學學報 (社會科學版), 2014 (1): 82-91.

[261] 郭小安, 董天策. 謠言、傳播媒介與集體行動——對三起恐慌性謠言的案例分析 [J]. 現代傳播 (中國傳媒大學學報), 2013 (9): 58-62.

[262] 郭小安. 網絡抗爭中謠言的情感動員: 策略與劇目 [J]. 國際新聞界, 2013 (12): 56-69.

[263] 李豔芳. 論中國環境影響評價制度及其完善 [J]. 法學家, 2000 (5): 3-11.

[264] 李愛年, 胡春冬. 中美戰略環境影響評價制度的比較研究 [J]. 時代法學, 2004 (1): 109-120.

[265] 呂忠梅. 根治血鉛頑疾須迴歸法治 [N]. 南方週末,

2011-5-26.

［266］童星.對重大政策項目開展社會穩定風險評估［J］.探索與爭鳴,2011（2）:20-22.

［267］劉超.突發環境事件應急機制的價值轉向和制度重構——從血鉛超標事件切入［J］.湖北行政學院學報,2011（4）:64-69.

［268］ARNSTEIN, SHERRY R. A Ladder of Citizen Participation［J］. Jounal of the American Institute of Planners, 1969（25）: 216-224.

［269］童星,張海波.中國應急管理:理論、實踐、政策［M］.北京:社會科學文獻出版社,2012.

［270］冷碧遙.鄰避衝突及政府治理機制的完善——基於寧波 PX 項目的分析［J］.知識經濟,2013（11）:7-8.

［271］武衛政.環境維權亟待走出困境［N］.人民日報,2008-1-22（5）.

［272］祝天智.政治機會結構視野中的農民維權行為及其優化［J］.理論與改革,2011（6）:96-100.

［273］洪長暉.新媒體變革與媒介素養——兼談廈門 PX 事件中的「短信」力量［J］.現代視聽,2013（4）:23-46.

［274］李彤彤.網絡意見領袖類型、特徵與培育路徑［J］.廉政文化研究,2011（4）:59-62.

附錄

附表　　　　　　編碼協議

概念		操作化定義
環境群體抗爭的特點	發生地域	省份
		東部=1　西部=2　中部=3
		華東=1　華北=2　華中=3 華南=4　西南=5　東北=6 西北=7
		鄉村=1　城市=2　鎮=3
	抗爭訴求	反對和停止建設=1　要求賠償=2 反對腐敗=3　關閉或搬遷=4 其他=5
	參與規模	0~100人數=1　101~1,000人數=2 1,001~1,000人數=3 10,000及以上人數=4
環境群體抗爭演變過程	議題分類	反對PX=1　反對垃圾焚燒=2 反對變電站、核電站=3 反對重金屬污染=4 反對其他工業污染=5 反對污名化=6　其他=7
	抗爭策略	上訪、散步、攔路堵路、打砸、其他（是=1　否=0）
	抗爭結果	企業或項目暫停=1　企業或項目取締=2　企業或項目照常運行=3

附表(續)

概念		操作化定義
各行為主體的參與情況	政府干預方式	
	積極干預方式	幹部會議=1 徵集市民意見=2 環評座談會=3 專家論證會=4 其他=5
	消極干預方式	禁止媒體報導=1 網絡監控=2 暴力執法=3 圍追堵截=4 其他=5
	企業	國企=1 民企=2 外資=3 其他=4
	環境NGO	參與=1 未參與=0
	精英	參與=1 未參與=0
	專家	參與=1 未參與=0
新媒體傳播情況	首曝媒介	微博=1 微信=2 論壇及貼吧=3 博客=4 網絡新聞=5 短信=6 其他=7
	網絡輿情持續時間	1周之內=1 1周至2周=2 2周至1個月=3 1個月至3個月=4 3個月以上=5
	謠言傳播	有謠言傳播=1 無謠言傳播=2

國家圖書館出版品預行編目（CIP）資料

新媒體環境下環保輿情處置研究 / 榮婷, 鄭科 著. -- 第一版.
-- 臺北市：崧博出版：財經錢線文化發行, 2019.05
　　面；　公分
POD版

ISBN 978-957-735-856-1(平裝)

1.輿論 2.環境保護 3.中國

541.771　　　　　　　　　　　　　　　　　108006580

書　　　名：新媒體環境下環保輿情處置研究
作　　　者：榮婷、鄭科 著
發 行 人：黃振庭
出 版 者：崧博出版事業有限公司
發 行 者：財經錢線文化事業有限公司
E - m a i l：sonbookservice@gmail.com
粉 絲 頁：　　　　　網　址：
地　　　址：台北市中正區重慶南路一段六十一號八樓 815 室
8F.-815, No.61, Sec. 1, Chongqing S. Rd., Zhongzheng
Dist., Taipei City 100, Taiwan (R.O.C.)
電　　　話：(02)2370-3310 傳　真：(02) 2370-3210
總 經 銷：紅螞蟻圖書有限公司
地　　　址：台北市內湖區舊宗路二段 121 巷 19 號
電　　　話:02-2795-3656 傳真:02-2795-4100　　網址：
印　　　刷：京峯彩色印刷有限公司（京峰數位）
　　本書版權為西南財經大學出版社所有授權崧博出版事業股份有限公司獨家發行電子
　　書及繁體書繁體字版。若有其他相關權利及授權需求請與本公司聯繫。
定　　　價：330元
發行日期：2019 年 05 月第一版
◎ 本書以 POD 印製發行